W0373992

IAIA CAPUTO

DI COSA PARLANO LE DONNE QUANDO PARLANO D'AMORE

CORBACCIO

L'editore è disposto a ottemperare agli obblighi previsti nei confronti dei titolari dei diritti della fotografia di copertina, che non ha potuto identificare.

PROPRIETÀ LETTERARIA RISERVATA

© 2001 Casa Editrice Corbaccio s.r.l., Milano

Il nostro indirizzo internet è: *www.corbaccio.it*

ISBN 88-7972-484-3

Questo libro è dedicato a P.R.G.:

Allora credo che scrivere, per un medico come per chiunque altro, voglia dire prendere la misura di ciò che non ci si ricorda, di ciò che non si tiene a mente. Scrivere vuol dire tentare di tappare i buchi del reale sfuggente con pezzetti di spago, fare nodi in veli trasparenti sapendo che altrove si strapperanno. Scrivere è qualcosa che si fa contro la memoria e non con essa.

Scrivere è misurare la perdita.

Martin Winckler, *La malattia di Sachs*

E, naturalmente, a Bruno:

Adesso piangi molto dopo/ io mi dispero con ritardo/ non abbiamo più misteri/ si lascia meno fare al caso/ scendiamo a patti con la terra/ però è la stessa dolce guerra.
Mio amore mio dolce mio meraviglioso amore/ dall'alba chiara finché il giorno muore/ ti amo ancora sai ti amo.

La canzone dei vecchi amanti

Le muse, quando vanno a trovare uno scrittore si vestono bene, si profumano i capelli, si mettono guanti neri. Mentre quando si presentano a una donna portano i guanti di gomma, hanno i bigodini in testa, puzzano di varechina, e hanno fretta, tanta fretta.

Nuria Amat

Penso che se ho raccontato qualcosa, forse nei miei romanzi ho cercato di raccontare questo: la solitudine delle donne e la fragilità degli uomini.

Natalia Ginzburg, *È difficile parlare di sé*

... In questa riserva domestica e selvatica insieme Natalia abitava, lasciando che gli uomini combattessero le battaglie giuste, e confidando in loro, con soggezione ammirata, dapprincipio, e alla fine con un'indulgenza disincantata. Quando, gli uomini di Natalia – grandi editori, grandi politici, grandi figli – le danno affettuosamente sulla voce, lei si sbriga a dar loro ragione: in realtà li lascia dire. Sono fatti così, chissà perché, gli uomini.

Adriano Sofri

CAPITOLO 1

L'INTELLIGENZA DELL'AMORE

Las mujeres, el amor lo inventan
(Le donne l'amore lo inventano).

Sembra che gli uomini vivano i rapporti, mentre le donne li pensano.
Marcela Serrano, *Noi che ci vogliamo così bene*

Era una bella serata di un luglio asturiano. Cenavamo all'aperto: una lunga tavolata di amici italiani, messicani e argentini riuniti in occasione di un festival letterario. Alcuni, tra cui io, si incontravano dopo diversi anni, altri si vedevano in Spagna per la prima volta. Si mischiavano nostalgie e curiosità, il bisogno di ritrovarsi per stabilire in fretta una passata intimità e vaghi, leggerissimi desideri di seduzione. Chiacchiere, notizie, novità che riguardavano ora l'uno ora l'altro dei presenti si rincorrevano. Ero stata fortunata, avevo trovato posto tra due amiche messicane: abbassando il tono della voce, per pudore, potevamo persino dirci qualcosa di più di quanto quel salotto all'aria aperta consentiva. Myriam ha un figlio che soffre da tempo di problemi psichici: le sue e-mail degli ultimi due anni colavano dolore. Paloma aveva da poco subito un intervento chirurgico: cercavo di capire quanto fosse autentica la ripresa sorridente che offriva agli altri. A un certo punto chiesi di Guadalupe: l'avevo conosciuta in Messico tempo prima, avevo poi rivisto suo marito in Italia e sapevo che entrambi erano lì, ma non a cena con noi. Di lei, e direttamente da lei, avevo saputo che desiderava un figlio, molto. Come lo desiderano le donne rapidamente in corsa verso i quaranta, a diverse fermate di distanza dai trenta: con l'urgenza del corpo che *sa* il tempo e ne teme la fine. Solo alle donne accade di parlare così: è come se intorno a certe parole si coagulassero uguaglianze senza tempo, affinità ignare dei confini geografici. Nonostante la frequentassi da pochi giorni, durante il mio soggiorno a Puebla mi aveva squadernato il suo dolore per quel desiderio, almeno allora, non condiviso dal suo compagno, concedendomi un'intimità che andava al di là delle parole. Non l'avevo dimenticata. Per certo sapevo che un figlio non era mai arrivato. Così, con sincero interesse, chiesi: «E Guadalupe, come sta?». Un'amica comune, anche lei messicana, mi aveva risposto che Guadalupe stava molto bene, vendeva finalmente i suoi quadri, aveva fatto una mostra che aveva ottenuto un certo successo, e un'altra forse l'avrebbe portata di lì a poco in Venezuela. Poi aveva aggiunto: «*Está muy enamorada*».

Avevo trattenuto il respiro: allora non era più con Fritz. Se l'amica comune parlava dei suoi sentimenti come di una novità rilevante, certamente non si riferiva all'uomo con il quale era sposata da molti anni. Avevo deciso per discrezione di non fare altre domande. Ma il tarlo della curiosità mi aveva appena cominciato a fare il solletico, che il silenzio era stato rotto da un altro dei presenti: «*Enamorada, enamorada*, ma se sta con suo marito da vent'anni!». Lo aveva detto ridendo, con una leggera sfumatura di scherno nella voce. La nostra amica gli aveva subito risposto che sì, certo, si erano lasciati, poi ritrovati. E che ora erano di nuovo insieme. «Perché, mio caro, *las mujeres, el amor lo inventan. El amor no existe, el amor se inventa.*»

Che bella risposta, mi aveva scaldato il cuore. Che fantasia, che immaginazione e che perfetta sintesi: *El amor no existe, el amor se inventa.* Mi era così piaciuta che non avevo voluto sciuparla nella condivisione di un'ulteriore chiacchierata. Me la sono nascosta nella testa a lungo, me la sono tenuta al caldo per golosità, per cupidigia. Volevo che quell'idea crescesse e diventasse mia. Soprattutto sentivo che da lì poteva nascere qualche altra cosa. Ed è stato così che ha cominciato a diradarsi quel terribile rumore di fondo: in quella babele di lingue avevo finalmente trovato il mio cifrario o, almeno, il suo inizio: *Las mujeres, el amor lo inventan.* Ora avevo un punto fermo da cui partire. È così, in quel momento, che è nato questo libro.

L'ho già detto: non ho più parlato di quella battuta che mi aveva tanto colpita con la persona che l'aveva pronunciata, e che, non l'avevo sottolineato prima, aveva messo d'accordo tutti i presenti. O, almeno, le donne avevano assentito con un sorriso d'intesa e gli uomini si erano limitati al silenzio. Dunque, cosa volesse dire posso soltanto immaginarlo. Credo alludesse a quella «intelligenza dell'amore»[1] che è «apertura, andirivieni e accadimento, attesa e irruzione d'altro».[2] A quel surplus di fantasia che le donne sanno mettere nella relazione, anche quando non funziona, anche quando sembrerebbe agonizzare. E questo vuol dire che trovano in se stesse pensieri, emozioni, illusioni e, perché no, anche sogni, che quell'amore possono far crescere e lievitare, una musica già sentita mille volte di cui con uno sforzo in più riescono a percepire, sorprendendosene loro stesse per prime, anche i toni più bassi, nuove vibrazioni, una trama strumentale più fitta e misteriosa, attingendone ancora ispirazione e slancio.

[1] Luisa Muraro, *La maestra di Socrate*, in AA.VV., *Duemilaeuna*, a cura di A. Buttarelli, L. Muraro, L. Rampello, Pratiche, Milano, 2000, p. 154.
[2] *Ibidem.*

Questo vuol dire che gli uomini partecipano meno alla costruzione di un amore, se non addirittura alla sua *invenzione*? Sarei tentata di rispondere con un sì: almeno nel senso che tutto quello che precede e circonda questo sentimento lo lasciano volentieri a noi. Loro sono là dove l'amore accade. E di una cosa sono certa: se quella stessa sera avessi chiesto del marito di Guadalupe piuttosto che di lei, nessuno mi avrebbe detto: «*Fritz está muy enamorado*». Perché no? Perché non lo avrebbero detto? Ma prima di tentare una risposta una cosa devo precisarla: questo Fritz l'ho poi visto in quella vacanza nelle Asturie, e certamente si mostrava molto innamorato, almeno non meno di lei. Né aveva timore di esternarlo, era tenero e premuroso, e felice di essere con la sua donna. E allora?

Azzardo una risposta. Intanto lo stato dei sentimenti di un uomo è sempre meno interessante, per tutti. Quello che tuttora di un uomo amiamo sapere è cosa sta facendo nel mondo, non quanto di sé stia spendendo in una relazione. Poi, forse, implicitamente si riconosce una sua minore partecipazione al rapporto d'amore, alla sua edificazione, come se fossimo tutti disposti ad ammettere che siamo noi donne a *pensarlo*. E questo cosa significa? È un'abilità, una competenza, un sapere millenario che si è fatto patrimonio genetico? Dato biologico? O una più complicata coazione a ripetere che si tramanda di generazione in generazione, di donna in donna, nutrendosi di modelli e letture, mitologie mediatiche e immaginari stratificati, antichi come stalattiti, persi nell'infinita memoria del tempo?

Forse, e dico ancora forse, un po' tutte queste cose insieme. Di certo, l'amore per le donne è stato quello che il mondo ha rappresentato per gli uomini: l'unica occasione che ci veniva data per uscire dai confini angusti di noi stesse, della nostra soggettività, per dare senso alle nostre vite, diventando demiurghe, architette, creatrici. Perché, appunto, l'amore è un mondo e l'unico destino che ci era toccato in sorte è stato quello di conoscere il mondo attraverso l'amore. È vero, questa sapienza l'abbiamo accumulata durante millenni di apartheid, è stata conquistata in schiavitù. Ora, finalmente libere dalle catene, perché custodirla? Non sarebbe più facile sbarazzarsene del tutto? Che scorciatoia facile e seducente quella di somigliare agli uomini...

C'era un quesito che ossessionava la mia infanzia tutte le volte che ascoltavo, e più tardi leggevo, le favole nelle quali c'era la "cattiva matrigna". La matrigna è per definizione la seconda moglie del padre, essendo la prima, madre della principessa della favola, morta in età molto giovane. Così mi chiedevo: come ha potuto un uomo così buono e giusto, che aveva sposato una regina tanto buona e bella, scegliere, una volta rimasto vedovo, una strega malvagia? Perché era pur vero che la crudeltà della matrigna si manifestava senza più censure solo quando anche il re moriva, lasciando orfana l'eroina della favola, ma come aveva potuto il sovrano farsi ingannare a quel punto? Come era potuto passare dall'una all'altra mostrando così poco senso critico? Era stato solo fortunato nell'incontare la prima moglie? O sfortunato nella scelta della seconda?

Ho conosciuto uomini straordinariamente intelligenti che si scoprivano perfetti analfabeti dei sentimenti: infantili, gretti, se non ottusi. Ne ho conosciuti altri che avevano costruito le proprie vite o le proprie carriere, che spesso erano intellettuali, con volontà, intuito, sapienza. Sapevano chi erano e, di volta in volta, dov'erano, decrittavano linguaggi complessi, quello dell'arte o della letteratura, e anche quelli più mondani delle università e delle redazioni, dei salotti e della politica. Ma avevano imparato a fare tutto questo restando ignari delle proprie emozioni; dilagavano fuori senza che a questo corrispondesse una *intelligenza dell'amore*. Così che sotto l'ego strutturato e rigoglioso restava una sorta di terra di nessuno: una volta che lì fosse attecchita una donna avrebbe potuto farne quello che voleva, coltivarla a suo piacimento. Ne ho conosciuti a decine di uomini che una volta scelta la propria compagna lasciavano a lei qualunque pensiero sulla relazione: mariti e padri che si limitavano ad adeguarsi allo stile di vita che quella donna aveva immaginato per entrambi.

Uomini colti, esperti del mondo, interessanti, che dentro a un rapporto d'amore sembravano selvaggi evangelizzati dai primi gesuiti arrivati nelle Americhe: non potevano che fare propria una lingua, un sistema di valori, una cultura che si limitavano a replicare. Fuori dal proprio territorio, dal proprio humus, dalla propria stessa storia.

Donne così non ne ho mai conosciute. Voglio dire, donne interessanti, che avessero un pensiero sul mondo e sulle cose, ricche di sensibilità che poi si rivelassero prive di una qualunque riflessione sui sentimenti, ignare di se stesse e a se stesse sconosciute. Insomma, come se agli uomini fosse dato crescere per metà e alle donne no, non senza conoscersi, non senza misurarsi, fino a esserne confinate, con *l'altro, dall'altro*. Non senza dolore.

CAPITOLO 2

IL MATRIMONIO

Lei aveva saputo aspettarlo. Anni senza chiedere mai, niente. Tutto quello che lui sembrava disposto a darle lo accoglieva come un regalo, a volte un premio, sempre inaspettati. Nessuno spigolo, mai un conflitto, solo curve, morbide, ad accoglierlo. Sembrava plasmarsi, giorno dopo giorno, tenera, nelle mani di lui. Questo almeno si sarebbe detto a una certa distanza. Perché a guardare meglio poteva vedersi lucida e tesissima la tela che lentamente lei gli tesseva intorno, circondandolo.

Solo una volta aveva avuto uno scatto d'orgoglio, un rifiuto che lui seppe subito irredimibile. Era stato quando, dopo che lui aveva comprato una casa per sé senza neppure mostrargliela, con un gesto di sfida infantile forse, ma inequivocabile (*Non sono disposto a condividere niente con te, e provo a piegare la tua infinita pazienza, fino a quando starai a questo gioco? Il tempo misurerà il tuo amore per me. E allora... forse, un giorno... Perché io ancora non ti scelgo, ma neppure ti rifiuto, e intanto soppeso la qualità del tuo amore.*) le aveva chiesto di andare a vivere con lui, senza sposarsi. Per lei, credente e ligia alla pratica della sua fede, era stato troppo: più che la fine dei giochi, una beffa. E allora aveva risposto no, per la prima volta. Lui aveva infranto le regole, si era messo fuori. Da quel momento non gli restava che una possibilità: andarsene o concedersi.

Un anno dopo si sposarono. Nella chiesa dove si erano già celebrate le nozze dei genitori e dei nonni di lei. Officiava uno dei suoi fratelli, sacerdote. Stava finalmente tornando a casa, nel suo mondo, con in premio quell'uomo così diverso dagli altri uomini della sua famiglia, dai suoi compagni di università, dai suoi amici. Si era inoltrata in un territorio sconosciuto, si era spinta fino ai limiti estremi e forse oltre quello che la sua educazione, la sua famiglia, il suo stesso habitat mentale le consentivano, e ora tornava indietro con lui. Con quell'uomo strambo, ironico, irriverente. E diverso. L'aveva finalmente scelta, l'aveva voluta. E lei gli era infinitamente grata.

Accanto all'altare, tremando leggermente per il freddo di quella gelida mattina invernale, ma anche di emozione, aspettando che la sposa arrivasse, ora era lui lo straniero, l'intruso. Il rito gli era vagamente sconosciuto, per la cerimonia si era consegnato a lei con gratitudine. La lista degli inviti e dei regali, l'organizzazione del ricevimento, le prove in chiesa: tutto gli era estraneo e quasi ostile. Ma concedersi, alla fine, per lui significava questo: abdicare. Da quel momento si sarebbe mosso nel territorio di lei, che aveva superato tutte le prove e lo aveva meritato. Era suo.

Erano seduti una accanto all'altro, adesso. Incontrandosi avevano barcollato, le emozioni li avevano fatti ondeggiare per un istante: le mani che si cercano con urgenza e poi subito si sciolgono, imbarazzate, la voglia di abbracciarsi presto raggelata dalla necessità delle forme. Poi il rito aveva avuto inizio e lei aveva cominciato a trasformarsi: la schiena dritta nella certezza del proprio posto, la punta del naso che mirava con fierezza verso il viso dell'officiante. Mentre lui sbandava, guardandosi intorno stupito, con gli occhi umidi, reso fragile da una commozione traditrice, inaspettata, lei andava acquistando sempre più sicurezza: ritrovava l'orgoglio delle sue origini, della sua stessa storia. Quello che si stava celebrando per lei non era solo un matrimonio, ma la sua incoronazione. Aveva pazientato, atteso, sofferto: è vero, per tutti quegli anni aveva dovuto adeguarsi alle regole che lui aveva dettato. E non se ne era mai lamentata. Pensava sinceramente che gli uomini si elargissero, e che bisognasse meritarseli. Ma sapeva anche che la resa di lui sarebbe stata senza condizioni. Mentre lui giocava il suo schema fisso, sfrontato e inconsapevole, era toccato a lei pensare per entrambi a strategie di più lungo respiro.

La formula di rito stava per avere inizio: « Vuoi tu, ... sposare il qui presente...? ». Fu un attimo. Sul viso di lei stava passando un'ombra dura di orgoglio che lavava via anche l'ultima superstite traccia di commozione. Lui ora la guardava negli occhi come aggrappandosi, con un fremito di residua paura. E di inedita gratitudine.

CAPITOLO 3

PENELOPE E ULISSE

Chi è cresciuto di più in quell'eterna distanza, e quanto simbolica, che li ha separati? Ulisse o Penelope? Quali pensieri e riflessioni e sforzi ha riservato Ulisse all'uomo, al marito, al padre che aveva lasciato a Itaca, alle origini, alla sua terra, mentre conquistava Troia e sfuggiva Polifemo o si innamorava, passando da incantamento a incantamento, da una donna all'altra? Nessuno, se non la nostalgia. L'eroe, il guerriero, il viaggiatore vive disperdendosi, dissipandosi. Non accumula mai: l'amore lo coglie ogni volta come se fosse la prima, alla sprovvista, come se la vita per lui non si stratificasse mai, non riuscendo a farsi esperienza. Ulisse non sceglie: è preso. Lo seduce Circe, lo seduce più tardi Calipso. «Se resterai con me...», gli sussurra una. «Se vorrai giacere nel mio letto...», lo lusinga l'altra. Ulisse acconsente: conosciamo il desiderio delle donne, non il suo. Sappiamo che lo vogliono, poi che lo ottengono. Ignoriamo invece cosa ci sia tra la loro passione e il suo sensuale assenso. Inizio e fine. Cosa c'è nel mezzo? Così come ce lo consegna il mito, l'amore di Circe, la maga, e di Calipso, la ninfa, che hanno entrambe le stigmate di una femminilità archetipica di streghe e incantatrici, divinatrici e seduttrici, si erige e declina in tutta la potenza di un amore materno. Presso di sé lo trattengono, fino a quando è possibile o necessario, forse fin quando il desiderio di lui resta desto, forse fin quando la disattenzione se non il rifiuto di Ulisse diventano troppo oltraggiosi per essere sopportabili. E ancora come madri, regine che sanno il proprio dominio ormai privo di consenso, dopo molte stagioni lasciano che il viaggiatore vada, che si separi da loro per sempre. È cresciuto, maturato, reso più intenso e sapiente dalle sue peregrinazioni l'esule di Itaca quando ritorna finalmente a casa dalla sua sposa? Sa qualcosa di più e meglio dell'animo femminile, delle sue e delle proprie emozioni?

Lo ignoriamo. Sappiamo che torna, infine. Sappiamo che è accolto.

E Penelope invece? Quanto ha saputo e potuto crescere mentre attendeva e allevava da sola il suo unico figlio? Cos'altro le restava da fare se non misurare il dolore della perdita dentro i confini del proprio desiderio? Certamente, più e più volte ha dovuto scegliere se lenire l'angoscia della solitudine con la bramosia di quei pretendenti che affollavano il cortile della sua casa o sublimarla in un'attesa che sarebbe stata ricompensata. E a cosa pensava in quelle interminabili ore durante le quali tesseva la sua tela di astuzia e riparo? Sognava, sospirava, magari inventava un amore più grande e terribile e appassionante di quello che aveva conosciuto e del quale sperava il ritorno?

Non lo sappiamo. Ma certamente nel racconto Penelope sembra diventare ogni giorno più forte, e consapevole, e sapiente. E da quella timida sposa che lascia con il capo velato, contro il parere del padre, il proprio regno, per seguire obbediente il suo sposo, la ritroviamo esperta conoscitrice dell'animo maschile. Tanto che da sola sa tenere a bada, con l'espediente della tela come astuto e infinito differimento del desiderio maschile, una banda di uomini armati e bramosi, incattiviti dall'attesa, incarogniti dal rifiuto.

Deve averli osservati con occhio acuto per governarli senza altro aiuto se non quello del suo intuito. E d'altra parte cosa, se non conoscere e conoscersi, esplorare il proprio animo e immergersi dentro le emozioni e i sentimenti suoi e di altri, poteva fare Penelope? Quello è il suo mondo e il suo orizzonte. L'unico. Lei si muove restando ferma. In un lungo, appassionante e avventuroso viaggio interiore.

Le donne mettono al mondo gli uomini, li amano appassionatamente. Ma anche gli uomini amano gli altri uomini, passare il proprio tempo con loro. E questo precederli nell'ordine naturale della vita pone già Penelope, come tutte le sue sorelle, nella posizione esistenziale dell'attesa: che arrivino prima, che tornino poi. In questa attesa investono tanto, talvolta tutto. Invece, figli, fratelli o amanti, gli uomini hanno con le donne una relazione amorosa, sessuata, domestica, ma sempre parziale. «Come se la mascolinità fosse la risposta a una identità non abbastanza connotata, che rischia continuamente di ricadere non solo nella vaghezza, ma piuttosto nel grande mondo delle madri. Per questo gli uomini devono isolarsi tra loro, stare tra uomini.»[1] Prima o poi devono andare. E Ulisse sembra restare uguale a se stesso in quel percorso circolare che da Itaca lo riporta a Itaca: combatte e naufraga, sventa maledizioni e compiace gli dèi seminando progenie lungo le coste greche senza che niente lo cambi. Vive senza crescere, in un movimento continuo, come in un'eterna infanzia di sogno. Solo inizio e fine. Lasciata la terra dov'è nato vi torna infine per morire. Per ricongiungersi al principio: il ventre accogliente di una donna.

[1] Franco La Cecla, *Modi bruschi. Antropologia del maschio*, Bruno Mondadori, Milano, 2000, p. 43.

CAPITOLO 4

IL SILENZIO: LA LINGUA PERDUTA DELLE DONNE

... Parlavano sempre la lingua portata dal mare, anche dialetto calabrese. Alla domenica papà leggeva ad alta voce articoli di un giornale italiano che usciva in Argentina. La mamma veniva da una nobile famiglia albanese scappata a Paola secoli fa. Lo ascoltava. Non era d'accordo, ma taceva. Alle donne della sua stagione era concesso solo il silenzio.

Ernesto Sábato

Le donne della mia generazione, sia pure con infinita fatica, hanno infine avuto accesso al *logos*, stabilendo con gli uomini una relazione imprescindibile dal discorso delle parole. Quanto poi resti fuori, indicibile o segreto, confinato nell'esilio solitario di un pensiero non detto perché incondivisibile, è questione che ognuna sa e ha deciso per sé.

Mia madre già non faceva più parte di quella stagione nella quale alle donne «era concesso solo il silenzio», ma neppure sapeva stare nel discorso a due. L'idea che degli uomini mi comunicava era che fossero dei colonizzatori dei quali si ha bisogno.

Dai quali si accetta una necessaria dipendenza, e che tuttavia restano *stranieri*. Ai quali, tutt'al più, si può di tanto in tanto concedere la cortesia di venir considerati *ospiti*.

Nei confronti di quell'ospite-straniero che era mio padre nel nostro gineceo, lei ciclicamente aveva dei terribili scoppi di furore. Alla calma raziocinante del marito, al suo silenzio sprezzante e punitivo, al suo tentativo di riportare (o piegare?) il loro conflitto dentro le briglie di un discorso logico e oggettivante, lei opponeva una rabbia indomabile e selvaggia, l'irredimibile violenza della propria emotività. Le parole di mia madre, usate ora come oggetti aguzzi e taglienti ora come una gragnuola di pietre, immaginavo ferissero mio padre, ma non capivo mai esattamente in che luogo: né quale, se poi esisteva, fosse quello della sua vulnerabilità.

«Io voglio parlare!», era il suo grido di guerra, l'incipit di ogni tragedia familiare, che ancora mi riecheggia nelle orecchie. La richiesta disperata di un incontro che si sapeva impossibile. Di un dialogo che non poteva farsi discorso.

Di quei litigi epici della mia infanzia, che ai miei occhi di bambina rappresentavano l'irriducibile antinomia di maschile e femminile, di logico e irrazionale, di affidabilità e disordine, mi è rimasto dentro un terrore cupo e inconfessabile: che le parole possano uccidere.

Poi, mio padre è morto.

Per me, femmina, non era possibile l'identificazione piena con il padre, e però troppo paurosa restava quella con la madre. Respinta da ogni approdo certo, per anni ho navigato a vista, senza patria, senza riposo. Diventata amante, reclamavo come lei, continuamente, parole. Che definissero e spiegassero, che raccontassero i gesti dell'amore, anche i più eloquenti, anche mentre avvenivano. E quelle parole, lontanissime dal farsi discorso a due voci, dal trovare risposte, dall'incontrarne altre che facessero da controcanto, pronunciate per coprire la paura e tenermi compagnia, mi lasciavano più sola di prima. Perché gli uomini, quelli che sceglievo per me, non amavano le mie parole. Né io capivo mai quali fossero quelle giuste, quelle dell'incontro e della sinfonia, né perché le mie implodessero sempre in una disperata solitudine.

Sapevo che le parole uccidono. Sapevo anche che della rinuncia a pronunciarle si può morire. Cosa restava per me?

Ora non cerco più compagni di ventura, non ricordo neppure più da quanto tempo, ma ho stretto con uno, e con lui soltanto, quel patto di sangue che è il matrimonio del cuore: ormai entrambi nella seconda parte delle nostre vite, tanto unite che si districano a fatica. E sono approdata a un silenzio eloquente. Né sottomesso, né frustrato, che posso sempre lacerare o sospendere. Un silenzio consapevole della parzialità di un discorso comune, della possibilità di una condivisione totale, della necessità di una separatezza che è l'unica condizione per restare amanti, fratelli, sposi. Mi sono ricongiunta alla saggezza che forse era della nonna, che mai ho conosciuto, saltando, nel modello e nell'esperienza, mia madre? O, ancora più lontano, a quella della nonna della nonna: antenate delle quali non ho neppure il più vago ricordo? Loro erano donne prive di libertà, condannate all'obbedienza. Io, invece, posso scegliere. Ma non c'è, forse, a unirci, lungo questa genealogia femminile, il filo rosso di competenze come «la cura di sé, dell'anima, del senso da dare in questa esistenza al bene di chi ci è caro...»? [1]

[1] Nadia Fusini, *Uomini e donne. Una fratellanza inquieta*, Donzelli, Roma, 1995, p. 6.

Un'amica amatissima, da poco tornata sola, una sera mi confessava la fascinazione che subiva nei confronti di certe donne che le suggerivano tutto ciò che le sembrava perduto a se stessa, alla maggior parte di noi. Ma aggiungeva anche, al di là di ciò che quelle donne le *dicevano* (la paziente e fiduciosa attesa dell'altro, l'infinito ascolto dei suoi desideri, il rispetto dell'altrui libertà e una passione egualmente quieta e indomata dal tempo), che se su di loro fissava troppo a lungo lo sguardo se ne ritraeva spaventata.

Di una, in particolare, mi descriveva la storia. Compagna di un uomo, apertamente e programmaticamente infedele, che alla sua casa faceva sempre ritorno, ma che mai aveva accettato come comune e condivisibile, da vent'anni ne era autenticamente e appassionatamente innamorata. Non chiedeva, ma neppure si lamentava, non presentava conti né sembrava inasprita dai troppi dinieghi, dagli infiniti tradimenti di lui. Si trattava di una donna intelligente, avvertita, con un suo lavoro, una propria dimensione esistenziale. Che però accettava di *annullarsi* in quella storia, per quell'uomo.

Perché la mia amica esprimeva una nostalgia per quello che non può più essere, né sarà più? Cosa dell'altra la riguardava? In che modo le parlava di sé?

Penso che quella donna incarnasse l'archetipo del femminile, ne suggeriva la passata potenza, il trascorso dominio sui sentimenti e sul senso profondo della vita: se lui andava inquieto per il mondo, pur sempre da lei e da lei sola sarebbe infine tornato. È vero, è stato così. La dominazione maschile non era forse l'altra faccia della potenza femminile? Così che da quelle rispettive posizioni, di fuga e di attesa, ci si poteva amare, uomini e donne? E quell'asimmetrico equilibrio era possibile solo dentro una sostanziale dipendenza delle donne dagli uomini, e solo accettando una subalternità sociale, politica? Certamente, maschile e femminile erano luoghi del disorientamento tanto le donne risultavano estranee agli uomini e viceversa. Tuttavia, proprio da quella estraneità, dentro i limiti certi della propria identità sessuale, nasceva la conoscenza dell'altro. Ma oggi che i nostri nomi di uomini e donne si sono mescolati e confusi, persi e ritrovati, diversi e però pari, oggi che il nostro comune destino è quello di incontrarci solo nella libertà e nella complicità, inquieti dei ruoli e scalpitanti nei confini troppo angusti dell'identità sessuale, quella *sposa* passiva e paga nell'attesa solitaria diventa una maschera, svela una perversione. Ed è per questo che, fissandola da vicino, la mia amica doveva, come da una Gorgone, distogliere lo sguardo.

Eppure, quella stessa nostalgia della mia amica l'ho conosciuta anch'io. Nasconde lo struggente legame con un femminile che, spogliato dalle maschere e dagli stereotipi, continua a parlarci di una competenza, di un modo di stare al mondo, di una sapienza arcaica e grandiosa che sarebbe, quella sì, un peccato perdere. Perché perderemmo anche noi stesse. Diventando uguali agli uomini.

Ma dove si nasconde la nostra "scatola nera", il DNA della nostra anima? Forse nell'esperienza della maternità. E che sia solo memoria genetica del corpo o ricordo vissuto e indelebile non cambia molto, perché è l'unico potere che si autolimita, che si compie nel dare la vita all'altro e finisce con l'altro. Perché qualunque madre della specie animale sa che tanto è indispensabile nel garantire la sopravvivenza del proprio figlio, quanto più tardi, se lo tratterrà, se non lo lascerà andare, lo sottrarrà per sempre alla vita. E ogni madre sa che il senso profondo della propria esistenza le verrà restituito, in eguale misura, da questo straordinario atto creativo, dalla sua capacità di essere stata sostegno certo e sicuro quando il suo bambino lontano da lei non sarebbe sopravvissuto. E dall'aver saputo distinguere l'io dal tu, dal non aver trattenuto, infine, presso di sé la sua creatura, perché allora terribile sarebbe diventato il suo potere di distruzione sull'altro.

In un breve, meditatissimo libro, *Uomini e donne. Una fratellanza inquieta*, Nadia Fusini scrive: «La differenza, allora, è solo illusione? Costruzione sociale? artificiale? colpevole? Al fondo, "politica"? A volte penso così. A volte. Ma non perciò voglio abbandonarmi alla negligenza, non avere cura di quei valori, doni, virtù – o comunque si voglia chiamarli – che se non la natura, la cultura mi ha tramandato come doni, grazie, carismi proprii al mio sesso. E che io, sia come sia, voglio difendere. Intendo il gesto femminile della responsabilità e della cura della vita debole e inerme, la tenerezza e il coraggio senza violenza, un'autorità senza potere, un potere senza statuto... Tutto questo e altro ancora, che è difficile definire, perché il mio essere donna non è qualcosa che posso fermare in un gesto, ma è piuttosto la cura del divenire ciò che sono, senza conoscerne preventivamente il senso».[2]

Theodore Zeldin, nel suo *Storia intima dell'umanità*,[3] racconta che in Madagascar gli uomini avevano scelto il silenzio. Ma poiché le parole prima o poi vanno pronunciate, quando avevano necessità di difendersi da un'offesa, o da rivendicare un diritto, proprio nelle situazioni in cui le parole avrebbero dovuto ferire, o reclamare, divenire dure e puntute, inviavano le loro donne a dirle. E non era una richiesta alla quale queste avrebbero potuto sottrarsi. Quegli uomini dicevano delle loro donne: "Hanno la lingua biforcuta come serpenti".

Mi sono poi convinta che mio padre lasciasse agire a mia madre la parte più oscura e infantile e richiedente e irrazionale di sé. Così che, quando lei la metteva in scena, anche per conto suo, lui non poteva che restarne lontano, prendendo distanze prudenti

[2] Nadia Fusini, *op. cit.*, p. 72.
[3] Theodore Zeldin, *Storia intima dell'umanità*, Donzelli, Roma, 1999.

da quella donna, per restare a guardare le parti di se stesso che tanto lo terrorizzavano ma che pure lo affascinavano, e con le quali, a suo modo, cercava un contatto.

Cosa poi mio padre facesse, sia pure inconsapevolmente, attraverso la mancanza o l'eccesso, per scatenare quella che lui chiamava la "follia" di mia madre io lo ignoro. Per certo so che l'amava. Che l'ha amata fino all'ultimo istante di vita. E che da lei, per quanto cercasse, non era mai riuscito ad allontanarsi. A sé innanzitutto, e a noi figlie, raccontava di non poter abbandonare quella donna così "fragile". Per lui, si diceva, ci diceva, era un dovere, uno stoicismo che niente aveva a che fare con i propri sentimenti, ma con l'onore. Chi, però, dei due avesse più bisogno dell'altro, chi fosse il più malato, chi il più dipendente, nessuno, ormai, lo saprà più.

Le parole uccidono. Ma lui, è poi morto delle parole di mia madre?

CAPITOLO 5

E LA PAROLA CONQUISTATA

Ancora oggi ci succede di guardare gli uomini con la stessa tenerezza armata delle nostre nonne. Ma allora era sempre la volontà femminile a dominare le loro storie. A noi non riesce, perché quella stessa volontà, che una volta si accontentava di restare invisibile, la proclamiamo.

Anonima

UNA FAVOLA *

C'era una volta un re, che amava molto la sua regina. Ma la regina cominciò a un tratto a dimagrire e sciuparsi, e nessun manicaretto dei cuochi di corte bastava a richiamare in lei appetito e forza.

Viveva allora nel regno un ciabattino poverissimo, la cui moglie fiorente il re vedeva passare ogni giorno sotto le proprie finestre, diretta al mercato per acquistare il pochissimo pane che i magri guadagni del marito le consentivano.

Conoscendone la condizione di ristrettezza, e colpito dal rigoglio della sua bellezza, il re chiese al ciabattino cosa le desse da mangiare.

« Pane e lingua », dichiarò il ciabattino, ridendo e stringendosi nelle spalle.

* Questa favola, così come la riporto, mi è stata raccontata da Clara Sereni.

Allora il re chiamò cacciatori e cuochi, chiedendo agli uni le lingue degli animali più rari e agli altri di realizzare le ricette migliori per cucinarle.

I cacciatori tornavano con il loro bottino, i cuochi cucinavano, i servi imbandivano la tavola: con scarso appetito la regina mangiò, giorno dopo giorno, quanto le veniva propinato, ma il suo aspetto non migliorò, anzi peggiorò sensibilmente.

A quel punto il re, che era molto innamorato ma pur sempre il re, impose al ciabattino uno scambio: lui, il re, si sarebbe presa la ciabattina fiorente, dando in cambio al suddito la sfiorita regina.

Detto, fatto. E subito la sfiorita regina cominciò a rifiorire, e subito la ciabattina fiorente cominciò a sfiorire.

Furioso, il re chiese al ciabattino quale fosse la magia di cui aveva nutrito quelle donne, visto che oltre al pane nient'altro si era visto entrare in casa sua, minacciandolo di morte se non avesse finalmente svelato il suo segreto. In ceppi, tremante, il ciabattino si disperava, ignaro lui stesso delle possibili risposte. Irato, il re alla fine ricordò quelle parole «pane e lingua», e ne chiese spiegazione: «Ho dato alle mie mogli lingue di pappagallo e lingue di cobra, lingue di ermellino e lingue di rondine: qual è la lingua tua, che le fa fiorenti?»

Allora il ciabattino rise, e stringendosi nelle spalle dichiarò: «Pane e parole, maestà, pane e parole».

Non sono diventata un'assassina. Non sono ancora morta. Cosa ne ho fatto infine delle parole? Nell'incontro, nella prima fascinazione, quando promettiamo all'altro di diventare per lui incantamento e specchio, disvelando e ingannando nel medesimo tempo, le ho usate tutte. Le ho usate per sedurre, per affabulare. E anche in quell'età della relazione che è, necessariamente, tellurica. Quando scosse si susseguono a scosse, parti di sé che si volevano unite a quelle dell'altro si separano per sempre, mentre altre si ritrovano, inaspettatamente, confinanti. Da quel moto destabilizzante, durante il quale la perdita (di pezzi di sé, dell'idea sognata dell'altro?) precede nuovi e inediti equilibri, a volte capita che un uomo e una donna riemergano più temprati, e più forti. Dell'esperienza del proprio limite e di quello dell'altro, del punto in cui i confini si toccano, ma anche delle distanze che rimarranno per sempre irraggiungibili.

Quando tutto questo è diventato passato, allora, ho sentito di essere finalmente in salvo. Quando l'altro è diventato la mia casa e la mia patria, allora le parole, una alla volta mi hanno lasciata. Sono stanche le mie parole, deluse, avvilite dal tempo o dall'uso? Ci sono giorni in cui le penso come piccole cavie impazzite in una scatola di vetro, che prendendo l'abbrivio per lanciarsi verso l'alto non trovano l'uscita ma un invalicabile tetto di latta. E sono i giorni in cui penso che le mie parole vorrebbero, potrebbero, dire ancora la passione e il desiderio, ma non trovando il modo, né l'aiuto necessario, allora ricadono giù, inutili, mortificate.

Altri giorni, invece, sento, credo che non si siano perse, ma trasformate in qualcosa d'altro, in gesti, affinità, impegni. In un amore taciturno ma non per questo sopito che non ha più bisogno di essere spiegato o definito, raccontato o cantato, in un amore diventato, almeno per me, una Mecca *rivolta alla quale l'anima può sempre pregare*.

Sono così antica? Così uguale alle mie lontane antenate da essere approdata alla consapevole saggezza che una sola parola, facendo giustizia di tutte le altre, possa indicare i rapporti sessuali e quelli familiari? Loro al silenzio pensavano come al luogo che ne definiva il posto e il ruolo nella scena familiare. Ma anche come a un riparo dietro al quale esercitare un potere che da sempre sapevano imprescindibile quanto irriconosciuto.

Io, invece, delle parole ho bisogno. E se le ho fatte sgombrare dalla scena dell'amore per condividere con l'altro quel minuscolo pezzetto di terra comune che ci è toccato in sorte, non per questo ho rinunciato a loro. Sono il mio lavoro, il mio pane, la mia speranza. Le limo e le arrotondo, le sottraggo, le scarnifico, le domo. Addomesticare le parole è l'unica cosa che so fare. Ma quando, sopraffacendomi, trovano poi un loro ordine e una loro misura, conosco momenti di felicità assoluta. Perché so che le parole possono uccidere. Ma sono anche l'unica cosa che abbiamo a disposizione per vivere.

CAPITOLO 6

SONJA TOLSTOJ, LA MATTA

Sonja Tolstoj impazzì. Quanta responsabilità ebbe nella sua malattia Lev, il genio, lo scrittore tra i più grandi del secolo, l'autore conosciuto in tutto il mondo di *Guerra e pace* e di *Anna Karenina*, il patriarca biblico di Jàsnaja Poljana, terribile nelle sue collere, autoritario e collerico, il conte Tolstoj, il latifondista che liberò i suoi contadini dalla schiavitù e che propagandava la sua cosmogonia reazionaria nemica di ogni progresso, il guru che si disfaceva delle sue proprietà senza mai abbandonarle, il maestro che ormai ottantenne, estromettendo moglie e figli dall'asse ereditario, regalò tutti i suoi diritti letterari a una sordida figura di giovane discepolo? E chi dei due, Lev o Sonja, era poi davvero malato?

Quando Sonja, Sof'ja Bers, arrivò a Jàsnaja Poljana, nel 1862, aveva solo diciotto anni. Figlia di un medico, dunque appartenente a una classe sociale inferiore a quella del conte Tolstoj, come ogni giovane sposa di quell'epoca doveva nutrire verso quell'uomo tanto più grande di lei un sentimento di fiduciosa attesa. E molti sogni. Il primo, quello che più a lungo aveva custodito e cullato per tutta la sua adolescenza, nei lunghi e tediosi inverni russi, s'infranse subito. Il suo matrimonio fu molto diverso da come lo aveva immaginato. Sognava lettere appassionate, la stuzzicante attesa del giorno delle nozze, la sensuale cura del corredo da stirare e profumare. Aveva fantasticato di ingenui languori al primo pudico contatto, quando la ruvida faccia di lui avrebbe sostato un attimo di troppo sulla sua piccola mano, trattenendola nel bacio. Dell'alito caldo del desiderio dell'uomo che l'avrebbe avvolta come una promessa irresistibile, a cui si sarebbe infine concessa. Ma Lev, già trentaquattrenne, abituato, oltre che per carattere, per diritto di nascita, a comandare e poi a soddisfare in fretta i suoi desideri, volle per sé quella donna subito. E aveva preteso di sposarla solo cinque giorni dopo averne chiesto la mano.

Sonja si accorse ben presto di quanto fosse difficile la vita con Tolstoj: certo, un uomo irresistibilmente affascinante, ma anche collerico ed egoista, autoritario e impetuoso. E visceralmente misogino. Ma consacrato, per la grandezza del suo genio, alla posterità: e lei, giovane e inesperta, eppure incredibilmente sveglia e intelligente, questo lo capì subito, né dovette dimenticarlo più. Litigi feroci si alternavano a riappacificazioni appassionate. Dai diari di Tolstoj sappiamo che nutrì sempre per Sonja, fin dai primissimi tempi del loro matrimonio, un odio crudele e un amore violentemente sensuale.

«Il pensiero che lei è lì, e legge sopra la mia spalla diminuisce e snatura la mia verità... Basta leggere questo... per farmi ricadere in tutte le banalità della vita che ho detestato dalla mia giovinezza. E ci vivo da nove mesi... È odioso, terribile, insensato legare la propria felicità a delle condizioni materiali – donna, bambini, salute, ricchezza. Il semplice di spirito ha ragione. Si può avere donne, bambini, salute, ma la felicità non è lì.» [1]

Dunque, Lev fu subito sopraffatto dalla vita a due: Sonja era

[1] Pietro Citati, *Tolstoj*, Adelphi, Milano, 1996, p. 86.

una *condizione materiale* per l'uomo da così poco diventato il compagno della sua vita. E quel che è peggio è che non può limitarsi a immaginarlo, supporlo, avvertirlo, *lei lo sa*. Perché quei diari intimi, su invito di lui, li lesse sempre, anche quando le riservavano parole di avversione e ostilità. Era l'impellente desiderio del maestro di confessare per essere perdonato? L'urgente bisogno di un intransigente moralista di svelarsi fino in fondo e senza infingimenti alla sua sposa? O forse un crudele supplizio di verità taglienti come vetri per lacerarne l'anima e ogni illusione di dominio su di lui. Di crudeli mortificazioni a cui assistere da carnefice.

Naturalmente, neppure Sonja era felice, solo che, alla brutale lucidità di lui, lei opponeva una furia indistinta, un dolore che non sapeva trovare pace nell'esprimersi. Venne presa dall'ossessione di Aksinja, la contadina una volta amante di Tolstoj, della quale ovviamente tutto sapeva grazie alla lettura del diario. Sognava spesso di ucciderla e di uccidersi. E poi, sbalzi d'umore repentini, voglia improvvisa di piangere, di litigare. Sentiva di odiare Lev e poi, a un tratto, « lo ama tremendamente ».

Il maestro provava e provò per Sonja, forse fin molto dopo la catastrofe coniugale, una potentissima attrazione sessuale, e Sonja, nonostante "questo" non le piacesse molto, rimase incinta sedici volte, mettendo alla luce tredici figli. Secondo la scrittrice Rosa Montero, che all'amore tra Lev e Sonja Tolstoj ha dedicato un capitolo del suo *Pasiones*, lei « barattava il sesso con la tenerezza che Lev le dedicava prima dell'atto: come tanti uomini e donne, Sonja dava sesso per ottenere amore, e Lev dava amore per ottenere sesso ».[2] E ormai anziana, lei nel suo diario ancora annotava: « Mi ama solo di notte, mai durante il giorno ».

[2] Rosa Montero, *Pasiones: amores y desamores que han cambiado la historia*, Aguilar, Madrid, 1999.

Tolstoj aveva sempre sofferto di gravi crisi depressive, ma poco tempo dopo aver terminato il suo capolavoro, *Anna Karenina*, entrò in un tunnel buio di tentazioni suicide, perse qualunque piacere della vita. Fu a quell'epoca che decise di divenire il fondatore di una nuova religione e si trasformò in un guru, alienandosi ogni proprietà per donarla alla sua famiglia. Sonja, che oltre alla cura dei figli, era stata sempre attenta lettrice e paziente copista dell'opera del marito, da quel momento dovette anche occuparsi degli sconfinati possedimenti. Più tardi, Lev le avrebbe comunicato di voler dare pubblico annuncio della sua rinuncia ai diritti d'autore di tutte le sue opere posteriori al 1881. Sonja temeva la bancarotta, ne seguì una lite furiosa e Lev arrivò a intimarle: «Vattene, vattene». Sonja corse fuori, decisa a morire. Poi fece ritorno a casa, sconvolta e cupa: da quel momento avrebbe lottato come una tigre, sia pure con alterne fortune, per salvare i diritti dell'opera tolstojana.

Il genio delirava, e convertitosi in un santone intollerante, in un fanatico visionario, alternava furiosi sermoni a violenti anatemi. Molti lo considerarono un nemico, un avversario pericoloso per le sue idee, da perseguitare o scomunicare. Ma chi mai lo zittì accusandolo di essere pazzo? Il delirio dell'uomo universalmente conosciuto, dello scrittore di sconfinata grandezza, poté farsi parola ascoltata, discorso allucinato, ma, pur sempre, politico. La grandezza della sua dimensione pubblica fece sempre da scudo alla malattia, all'uomo dispotico e nevrastenico che per tutta la vita tiranneggiò chi gli era più prossimo, e forse anche più caro, senza mai pagare il male fatto con la distanza sprezzante, con la crudeltà di uno sguardo accusatore e disamorato.

Tutto questo toccò a Sonja. Per decenni era stata per Tolstoj sposa, amante, compagna, si era assunta tutti i compiti quotidiani della madre e della moglie, ma anche tutti quelli che al suo sesso non sarebbero spettati: la gestione finanziaria della proprietà, la cura dell'opera del marito, le relazioni con gli editori. A questo proposito avrebbe scritto nei *Diari* nel 1908: «Le cose che ti piace fare. Quanto a questo, L. N. è sempre stato saggio, e fortunato. Se aveva voglia di scrivere, scriveva; se aveva voglia di arare, arava. Se gli veniva a noia, smetteva. Ci avessi provato io, a far così: che ne sarebbe stato dei miei figli, e di L. N.?» [3]

Per Lev era stata bestia da soma e parafulmine, capro espiatorio delle sue fenomenali collere e continuo argine alla sua follia dissipativa. Il confine, certo e amorevole, alla sua furia distruttiva. Ma a quel punto della vita, Sonja cominciò a vacillare: se non era lui il folle, non le restava altro che sospettare d'essere lei la pazza. Fu allora che iniziò a nutrire l'assurda speranza che le sarebbe stato concesso quello che era già stato concesso a lui? Di poter essere amata nonostante la sua malattia? Di essere raggiunta dal suo sposo oltre i confini certi della ragione, là dove aveva voluto rifugiarsi? O fu Lev, proprio lui, a spingerla nel baratro, sfidando ancora una volta l'amore della sua donna, attratto e atterrito nello stesso tempo dal suo stesso potere? Certamente fu lui a sferrarle l'ultimo colpo mortale. Ma da quel momento cominciò a scrivere anche il copione della propria morte.

Nei primi anni del Novecento accanto al maestro era comparso un certo Certkòv, un uomo molto più giovane di Tolstoj, che sotto l'untuosa maschera dell'allievo devoto nascondeva terribili ambizioni e un animo di manipolatore, e che non tardò a rivelarsi il più acceso nemico di Sonja. Proprio a lui Lev volle dare in custodia i suoi ultimi diari personali: la stava consegnando al boia? Lì, in quelle pagine, scorreva la loro vita più intima, le feroci liti coniugali, insieme ai dettagli più scabrosi e privati della donna che solo al suo sposo si era mostrata fino a quel punto.

[3] *Album Tolstòj*, a cura di Igor Sibaldi, Mondadori, Milano, 1994, p. 258.

Era come se il marito l'avesse offerta, denudandola, nelle braccia del suo stupratore.

Ma da quell'ultima furia distruttrice non stava risparmiando neppure se stesso: firmò, ormai sedotto e sottomesso alla terribile volontà di Certkòv e della figlia Saša, anche lei strenua nemica della madre, un testamento segreto che faceva Saša erede di tutti i diritti sulle opere e Certkòv unico curatore dei manoscritti e dell'archivio.

È a questo punto che Sonja realizzò le aspirazioni dei suoi persecutori, piegandosi all'ultima sfida del marito: nel 1909 tentò altre due volte il suicidio. Ormai folle, affetta da manie di persecuzione, correva nuda nella neve, tormentava in ogni modo Tolstoj. E il 20 luglio due psichiatri chiamati a Jàsnaja le diagnosticarono «turbe paranoiche e isteriche, con prevalenza delle prime sulle seconde».

Parla, Sonja, impreca, delira, ma le sue parole sono pietre che la lapidano, i suoi gesti di richiesta e protesta non si faranno mai discorso, non incontreranno mai il mondo. Per lei non ci sarà ascolto. Solo la condanna del disamore, il gelo della distanza, l'asettica camicia di forza della diagnosi.

Nel 1910, un mese dopo il quarantottesimo anniversario del loro matrimonio, Tolstoj scappò di casa. Ma se lui fuggiva, sottraendosi alle sue persecuzioni, non c'era più ragione di vivere. Non solo lei, ma persino lo spettacolo della sua follia non aveva ragione di essere se non per lo sguardo di Lev. E allora Sonja tenterà ancora una volta di uccidersi.

Il fuggitivo viaggiava nel gelido inverno della sua terra, in treni umidi e freddi, troppo per un ottuagenario: cinque giorni dopo aver lasciato Jàsnaja Poljana, Tolstoj si ammalò gravemente. Lo accolse la povera casa di un capostazione, e da lì il vecchio maestro telegrafò a Certkòv, che accorse al suo capezzale alle 9 del mattino del 2 novembre, non senza prima aver informato la stampa sui *veri* motivi della fuga del maestro: odio della ricchezza e continui dissidi domestici.

Di nuovo veniva estromessa Sonja: dopo aver dedicato la vita alla vita di Tolstoj, le impedivano di partecipare all'epilogo, sottraendole persino l'insipida figura di comparsa nella scena finale. E Sonja non ci sta. Avvertita da un giornalista, giunge ad Astàpovo con un treno speciale che aveva noleggiato. È già notte. Ma sia i medici sia i figli chiedono che vengano rispettate le ultime volontà di Tolstoj che non vuole incontrare la moglie. Erano stati sposati per quasi mezzo secolo... Per i cinque giorni successivi Sonja e i suoi figli ogni tanto lasciarono i vagoni per andare a chiedere notizie. E Saša, rimasta sempre accanto al padre, rispondeva dallo spioncino, senza aprire. La sera del 6 novembre, le ultime parole del maestro: «La verità... Io amo tanto... Come loro...». All'alba del giorno successivo finalmente Sonja venne fatta entrare. Erano esattamente le 6. Alle 6 e 5 minuti Tolstoj moriva. A ottantadue anni.

Sonja sopravviverà al marito ancora nove anni. Ritrovando interamente la lucidità. Tanto da scrivere le sue memorie, tornare a occuparsi della proprietà, riconquistare, lottando con straordinaria forza, i diritti dell'opera letteraria del marito. Tutti i giorni che la separarono dalla morte si recò sulla tomba di Tolstoj, accanto al quale sperava di essere sepolta. I suoi figli decisero altrimenti.

CAPITOLO 7

ADÈLE H. L'ANTENATA: UNA RIVOLTA CHIAMATA AMORE

Quella cosa incredibile da farsi per una ragazza, attraversare il mare e passare dal vecchio mondo al nuovo mondo per raggiungere il suo amante. Quella cosa io la farò.

Dai diari di Adèle H.

1862. Una giovane donna sbarca ad Halifax, nella Nuova Scozia, Canada, sulle tracce di un certo tenente Pinson, ufficiale inglese di stanza nella guarnigione della penisola. Viaggiando probabilmente in clandestinità e presentandosi sotto falso nome, di volta in volta assumendo identità diverse, la misteriosa signora trova alloggio presso un'anziana coppia di coniugi. Quella che più tardi scopriremo essere Adèle, la seconda figlia di Victor Hugo, cerca subito di mettersi in contatto con il suo vecchio amante, indicandolo ora come un cognato, ora come un cugino, oppure come fidanzato di una nipote. Quando infine riesce ad avvicinarlo, l'incontro non sortisce il risultato sperato: per l'uomo l'antica relazione è finita. Ma il rifiuto di Pinson non scoraggia Adèle. Che, anzi, comincia a seguirlo e a spiarlo, gli offre denaro in cambio del matrimonio e più avanti persino una prostituta, arrivando nel suo delirio persecutorio a mandare a monte le nozze che l'ufficiale progetta con un'altra donna.

Via via sapremo anche che Adèle è fuggita di casa contro la volontà della famiglia e che è perseguitata, nei suoi orribili incubi notturni, dalla tragedia della morte per annegamento di Leopoldine, la sorella maggiore, prediletta, pare, dal padre Victor.

Sorda agli umilianti dinieghi di Pinson, un imbelle entrato nell'esercito solo per sfuggire alla galera, giocatore accanito e seduttore di pochi scrupoli, la donna arriva a comunicare a casa che il fidanzamento con l'ex amante è avvenuto, poi che il matrimonio è stato celebrato, fino a far pubblicare su un giornale locale l'annuncio delle false nozze.

Sempre più stremata e malata, infine privata della rendita dal padre che ha scoperto l'inganno, Adèle va alla deriva. Ma quando Pinson, ormai esasperato, si trasferisce con il suo reggimento a Barbados, lei riesce ancora a seguirlo.

Sfinita dall'angoscia e dalla miseria, oltrepassa i confini della follia: raccolta sulla strada da una donna di colore che si mette in contatto con la sua famiglia, Adèle viene infine rimpatriata.

Da una voce fuori campo, mentre scorrono le immagini di repertorio dei grandiosi funerali con i quali la Francia rende l'ultimo omaggio a Victor Hugo, sappiamo che la figlia ribelle, internata in una casa di cura dal suo rientro in patria fino alla fine dei suoi giorni, morirà, dimenticata da tutti, nel 1915, a 85 anni. Pazza.

Le vicende di Adèle H., così come sono raccontate, appartengono alla ricostruzione del film di François Truffaut, intitolato appunto *L'histoire d'Adèle H.*, girato nel 1975 dal regista francese che diversi anni prima era venuto a conoscenza dell'esistenza dei diari della figlia di Victor Hugo. Diari ritrovati da una studiosa americana alla Pierpoint Library di New York nel 1955, e da lei decifrati in più di un decennio di lavoro. Rispetto alle carte autografe il film di Truffaut presenta più di un'infedeltà: le lettere nella realtà furono scritte da Adèle al fratello e non al padre, mentre altre missive sono state del tutto inventate; quando fuggì ad Halifax era molto più adulta di quanto suggerisce il volto della giovanissima Isabelle Adjani che la interpreta sul grande schermo. Inoltre, aveva tentato già una volta di scappare di casa, e aveva subito un precedente ricovero in clinica. Infedeltà, tutto sommato, veniali e, forse, persino geniali: un aggettivo che se riferito a Truffaut difficilmente appare eccessivo. Perché le piccole falsità del regista, molto più che togliere rigore alla ricostruzione storica di Adèle H., sembrano aver avuto la funzione di illuminarla, sottraendola all'oblio al quale era stata condannata, fino a renderla quello che tutti noi abbiamo conosciuto: una indimenticabile figura di donna, capace di parlare, a più di un secolo di distanza dalle sue vicende, a milioni di altre donne del sogno d'amore, della sua illusorietà, e di uno straziante, commovente tentativo di ribellione al proprio tempo e alle sue regole, appunto, attraverso l'amore.

Adèle arriva ad Halifax apparentemente posseduta dall'*amour-passion*: vuole sposare l'uomo che un tempo l'ha sedotta. Potrebbe essere l'inizio di una storia per nulla originale, già mille volte vista. Ma la scialba figura dell'amante abbandonata in cerca dell'oggetto d'amore perduto, nel volto tormentato dell'Adjani si vela subito di un'ombra scura di inquietudine. Solo la richiesta romantica di onorare la parola data appare ingenuamente rassicurante. Perché già l'enorme distanza che la giovane donna è disposta a coprire per inseguire Pinson evoca un gesto estremo. E il suo arrivo notturno con una nave, dove ha probabilmente viaggiato da clandestina, in una terra sconosciuta, evitando i controlli doganali, i suoi occhi febbrili, i gesti rapidi e timorosi, suggeriscono paura e insieme azzardo.

Siamo nella seconda metà dell'Ottocento quando Adèle « per

raggiungere il suo amante» scappa di casa e attraversa l'oceano. Non è necessaria una grande immaginazione per comprendere che a quel tempo la sua fuga coincide con una rottura clamorosa con il rigido ordine familiare. Un atto di sovversione, di rivolta. Una frattura, che infatti si rivelerà senza ritorno, con la Legge del Padre. Un padre che per giunta si chiama Victor Hugo. Un nome impronunciabile per Adèle, che da quando sbarca nella penisola occulta continuamente la propria identità, e non perché sia utile al suo scopo dichiarato, ritrovare Pinson, ma proprio perché le è insopportabile da nominare.

Ma Adèle ha poi veramente compiuto «quell'avventura incredibile da farsi per una ragazza», per ottenere l'amore di un uomo? È lì davvero per lui? È lui che vuole?

La disillusione già dal primo incontro è cocente. Il rifiuto di Pinson è talmente brutale da non lasciare neppure un *ragionevole* dubbio, ha la stessa scivolosità di un vetro a cui neanche la più fiduciosa speranza riuscirebbe ad aggrapparsi. Eppure, su di lei non sortisce effetto, se non quello di rafforzarla nell'ossessione. Il desiderio della donna non scende a patti con il reale. Così che il suo accanimento allude inevitabilmente a qualcosa di più profondo, di più misterioso.

L'*altro* non solo è un fantasma, ma appare persino pretestuoso nel suo essere collocato all'incredibile altezza di un oggetto d'amore assoluto e quindi irraggiungibile. Perché l'*altro,* nella storia di Adèle H., semplicemente non c'è. Almeno non come soggetto reale: tanto che niente di quello che Pinson può dire o fare entra in contatto, attraversandolo e mutandolo, con il desiderio di Adèle.

L'assoluta *prescindibilità* dell'uomo, che pure alimenta la sua ossessione d'amore, è evocata con straordinaria chiarezza in uno dei primi incontri tra i due ex amanti. L'ufficiale raggiunge la donna per comunicarle freddamente che deve dimenticarlo, che deve smettere di perseguitarlo. Lei allora lo blandisce dicendo che con il matrimonio verrebbe in possesso di una somma enorme. Lui ribadisce che non ha nessuna intenzione di chiederla in sposa. Il tono è gelido, il disprezzo maltrattenuto rasenta lo scherno. La donna sposta allora il discorso su un piano, almeno nell'illusione di lei, condiviso in passato: quello dei sentimenti. Con voce implorante gli chiede: «Non mi ami più?». E subito dopo: «Mi ami ancora?».

«Sono cose passate», è la netta, sintetica risposta di Pinson.

«Dimmi che posso sperare che mi amerai ancora», insiste Adèle.

Lui resta in silenzio. Da quell'improvvisa pausa, nella parentesi di possibilità che si è creata tra le suppliche di lei e i rifiuti di lui, Adèle riparte all'attacco. Il tono della sua voce è ancora dolcissimo, pur tradendo l'angoscia e il dolore: «Lasciati amare, anche se non mi ami più».

Fino a questo momento le parole dell'uomo sembrano non scalfire neppure l'indomabile passione dell'amante respinta. E le ascolta poi Adèle? Sembrerebbe non udirle neppure. Ma all'ennesimo silenzio di lui, il registro cambia bruscamente. Ora la donna è minacciosa, lo sguardo febbrile di rabbia: «Se tu mi respingi, stai attento. Andrò dai tuoi superiori, mostrerò le tue lettere (*allude evidentemente a una corrispondenza compromettente per l'ufficiale in carriera: la prova che, avendola lui in passato chiesta in moglie, si macchia, respingendola, di un disonore*). Ti farò cacciare via».

La minaccia, però, lungi dallo spaventare Pinson, lo convince ad andarsene. È già sulla porta quando lei lo raggiunge, e abbracciandolo gioca la sua ultima carta. Lo blandisce stuzzicando la sua grande debolezza. «No, non andartene», piange Adèle e contemporaneamente gli mette in mano una somma di denaro perché paghi i suoi debiti di gioco. La resistenza di questo avventuriero di nessuna grandezza è assai blanda. Li intasca promettendo debolmente – e nessuno potrebbe credergli neppure per un istante – che glieli renderà appena possibile.

Dunque, i *soldi*. Una traccia, un'allusione. Un elemento che torna più volte in questa storia, almeno per come ci viene raccontata nel film. Se lui non la ama, lei gli propone comunque il matrimonio, e anche in questo caso prospettandogli l'aspetto vantaggioso dell'unione; se lui insiste nel rivendicare la sua indifferenza, che almeno si lasci amare da lei, e quando ancora una volta lui si nega, allora arriva il denaro: nella doppia valenza di un'estrema richiesta di vicinanza affettiva (la riconoscenza), e di gesto simbolico: *Adele gli sta proponendo uno scambio*. Ma tanto è inconsapevole lei della vera natura della sua domanda, quanto lui è cieco nel non capirla.

Nell'impossibilità di Adèle di accettare il rifiuto di Pinson sta anche la sua incapacità di riconoscerlo come altro da sé. Quel suo disperato oggetto d'amore non sarà mai *anche* un soggetto: perché allora lei dovrebbe accettare il limite che l'altro è sempre rispetto all'assoluto della propria richiesta, e tollerare l'inevitabile conflitto tra il proprio e l'altrui desiderio. L'unico desiderio che Adèle riconosce, invece, è il proprio.

Questa tragica assenza di reciprocità assume la dimensione del delirio già nella scena successiva. Quell'ultimo loro incontro ha il sapore guasto dell'umiliazione: Adèle è stata respinta senza appello. Eppure, tornata nella sua stanza, ecco cosa con frenesia allucinata scrive all'amante di un tempo: «Sono felice che ci siamo ritrovati. L'equivoco non ci separerà più». È la prima di molte altre lettere che "prescindono" la realtà: senza che nulla di nuovo sia accaduto con Pinson, Adèle comunica infatti a casa l'imminente matrimonio; più tardi arriverà a scrivere che le nozze sono state celebrate. Se la realtà non si piega al desiderio, il desiderio diventerà allora l'unica realtà di Adèle.

La follia sta avanzando a grandi falcate e il male dell'anima non tarda ad aggredire un corpo provato: prima la polmonite, più tardi un quanto mai simbolico male agli occhi che somatizza, appunto, la sua cecità, *la volontà di non vedere*. E potentissima è l'allusione di Truffaut al destino di Adèle di *mancare* l'incontro, mettendole davanti la devota figura di un libraio, evidentemente innamorato di lei. L'uomo che periodicamente le fornisce le risme di carta, l'unico bene materiale di cui lei sembra avere bisogno, la sola persona che dà ad Adèle ciò di cui forse veramente le importa, e al quale la donna non rivolge mai, in senso letterale, uno sguardo. Perché appunto non solo non può, ma non vuole vederlo.

Tracce, disseminate lungo tutto il racconto. Suggeriscono che altrove sta il senso di ciò che accade. Indizi che, come in un giallo, pazientemente bisogna mettere insieme per risolvere l'enigma. Che alludono a una seconda storia, rispetto alla quale la prima non è che l'ingannevole facciata. E allora l'Amore non è che la maschera della rivolta e Pinson il *pretesto* per compierla. E quali altri nomi, parole, suggestioni aveva in dote una donna vissuta quasi due secoli fa per fuggire dalla casa paterna, rifiutare l'identità di figlia, disconoscere appartenenza e destino? Quale altra «cosa incredibile da farsi» se non quella di «raggiungere il suo amante» inesistente? *Come sfuggire alla Legge del Padre se non con l'amore, come conquistare una nuova libertà se non attraverso il matrimonio?*

È il contratto di nozze, peraltro mai avvenute con Pinson, che infatti Adèle continua a opporre alla famiglia che ne reclama il ritorno. È il matrimonio che, sia pure attraverso le più ingannevoli forme, chiede al suo amante. È il denaro per ottenerlo, che non manca mai di proporgli, la più autentica chiave di lettura della persecuzione che mette in atto. Un nuovo nome in cambio dei soldi: un baratto così spaventoso che la stessa Adèle deve occultarlo e confonderlo tra le mille altre parole di devozione e promesse per poterlo offrire. Così osceno e scandaloso che persino Pinson, il più veniale e calcolatore degli uomini, non è in grado di decifrarlo. Troppo banale e conformista per non confondere quelle ripetute offerte *d'acquisto* con l'estremo atto di degradazione dell'amante respinta. Proprio lui che per suo conto è a caccia di una buona dote: quello che con tanto affanno cerca è esattamente lì, sotto i suoi occhi.

Ma è solo l'unione con l'inetto ufficiale che può garantire ad Adèle una nuova *cittadinanza*, quel passaporto indispensabile per andare libera per il «nuovo mondo», una volta abbandonato il «vecchio mondo»: il più clamoroso dei gesti che una donna del suo tempo poteva compiere in opposizione all'ordine sociale. Senza nome né diritti, Adèle ora è una clandestina. In cerca di patria. A quella patria commette l'errore fatale di dare il nome di Pinson.

Perché Adèle voleva il mondo. Ma poteva nominare solo l'amore.

La seconda storia, la storia occultata e continuamente rimossa da Adèle è dunque quella del conflitto con il Padre, di una rottura che la spinge verso quella disperata ricerca di una diversa identità.

Già appena sbarcata ad Halifax si presenta sotto false generalità. La menzogna iniziale va allora letta come l'affermazione di una irriducibile alterità, come il primo gesto di una donna che cerca un destino per sé, estraneo al nome del padre. Fuori da quel solco, però, per esistere ha bisogno di essere riconosciuta dal desiderio dell'altro, e, in mancanza di questo, almeno dal *nome di lui*. Un nuovo nome, da opporre a quello di Hugo che la rende figlia, rifiutato nell'estrema ribellione.

Ma poiché l'incontro è destinato a fallire, Adèle è condannata a perdersi. Lo fa nell'ossessione, in un delirio d'amore, in un sogno autistico di assoluto. E quell'amore sempre cercato e sempre mancato si fa orribile incubo notturno: il rimosso torna tragicamente a galla per risucchiarla come un gorgo freddo e impietoso, per poi richiudersi sopra di lei. Nell'incubo Adèle s'identifica con Leopoldine, la sorella maggiore morta annegata, la figlia prediletta di Hugo, quella che al posto suo aveva l'amore del padre. Nella realtà, quando ormai la storia sta volgendo all'epilogo, Adèle dice a un bambino incontrato per caso di chiamarsi appunto Leopoldine: gli antichi legami che si credevano spezzati per sempre tornano a reclamarla; l'implorante richiesta d'amore gridata ancora una volta a un uomo che non vuole amarla svela la sua più antica e autentica radice. È il presagio della sconfitta. Dell'incombente vittoria della realtà sul desiderio e sulla rivolta.

Adèle è pronta adesso per raggiungere il liberatorio esilio della follia.

Nell'ultima, straziante sequenza cinematografica, vediamo una donna lacera e stanca, oltraggiata da uno stormo di bambini che la insegue giocando con lei come con un fantoccio, ormai persa nei misteri della sua mente. Dimentica di sé, insensibile a tutto, Adèle è a Barbados, ultima meta del reggimento di Pinson. Non si sa da quanto tempo è lì. Certamente neppure lei ricorda più il perché. La luce è crudelmente bianca. Il sole illumina oscenamente in ogni dettaglio la sua desolata solitudine. Per caso, Pinson la vede. Non ha il tempo di capire, ma intuisce con forza sufficiente che lei non invocherà più il suo nome. Non può non averlo visto eppure lo ignora. E allora è lui a chiamarla, finalmente. Ed è la prima volta. Da inseguito, lungo il labirinto delle stradine di polvere, diventa inseguitore. Adèle cammina ostinata, lo sguardo perso in un punto imprecisato del vuoto. La chiama di nuovo e, raggiungendola, le si mette proprio davanti. Ma lei non può sentirlo. Non può vederlo. Lui, semplicemente, finalmente non c'è.

Sui titoli di coda risuonano come profezia, indicando il senso più autentico di tutta la vicenda, le parole che Adèle aveva scritto nel suo diario prima di partire per Halifax. Prima che tutto accadesse. *« Quella cosa incredibile da farsi per una ragazza: attraversare il mare e passare dal vecchio al nuovo mondo per raggiungere il suo amante. Quella cosa io la farò. »*

Perché Adèle, appunto, voleva il mondo, ma sapeva nominare solo l'amore. E Pinson coincideva con quel nome. Nient'altro.

CAPITOLO 8

UNA DOMANDA IMPOSSIBILE. L'ASSOLUTO

Io cerco di curare una persona, ma non sono certo se la curo o no. E la stessa cosa quando dico di amare una donna. È molto facile dirlo e talvolta persino falso, perché l'uomo tende a un tipo di relazione, la donna a un altro. Quando si crea una relazione d'amore, questa non è altro che una crisi, una crisi in cui c'è vita se non c'è dominio dell'uomo sulla donna e della donna sull'uomo.

Franco Basaglia

Anne Marie è una donna come tante. Sufficientemente attrezzata per occupare un suo posto nel mondo senza troppa fatica. Poco più che trentenne era già dirigente in una grande società di import-export. Le importa del suo lavoro? Nel senso che lo pensa come un luogo dove posare la sua impronta per lasciare un'orma? Le restituisce senso alla vita? È un luogo d'affermazione o di espressione? No, da questo punto di vista non le importa del suo lavoro. Ma neppure le dispiace, né riesce a pensarsi senza. E poi perché dovrebbe?

Non è una che si noti, Anne Marie, né fa niente per farsi notare. Solo chi la conosce molto bene – la sua famiglia, i suoi amici, in genere di vecchia data, il suo ex marito e suo figlio Giorgio che ha dieci anni – sa delle sue durezze, di una certa struttura rigida della personalità che le fanno cambiare di rado opinione, del suo essere molto osservante di regole e forme ampiamente condivise, e del suo esigere risposte senza sfumature e risultati. Ma poi è anche attenta, Anne Marie, e ordinata. E difficilmente viene meno alla parola data.

Ma Anne Marie coltiva un segreto. Un pensiero che è tale non perché sia osceno o terribile. Il fatto è che è indicibile, perché corrisponde a un sogno che, lei lo sa, si avvererà solo se non sarà mai stato nominato. Perché corrisponde a una parte di sé che non ha voluto fosse sfiorata da nessuno, conservata intatta e incontaminata solo per lui. Lei sa anche che quel pensiero non è scambiabile in un discorso: è abbastanza intelligente e sensibile da capire come si stia al mondo e che considerazione riceva quel tipo di pensieri. La giudicherebbero una donna stupidamente sentimentale e antiquata. E lei non vuole sembrare né sentimentale né antiquata.

Dieci anni prima si è sposata perché andava fatto, otto anni dopo si è separata senza troppi rimpianti. Con ragionevolezza e buone maniere. Aveva sempre saputo che non era lui l'uomo della vita. Quello, lei l'aveva già incontrato e perso quando aveva vent'anni. Paolo due di più. Se n'era andato in Francia, più tardi in America. Ogni tanto le giungeva una notizia lontana. Poi più niente per anni. Infine era tornato, aveva una sua casa di produzione cinematografica. Si era sposato. Aveva una figlia. Lei non avrebbe mai sollecitato un incontro, non voleva rivederlo. Voleva riaverlo. A volte tutto questo era un sogno, altre una certezza. Dipendeva dai giorni.

E poi accadde. Un pomeriggio di pioggia. Ai due lati opposti di una strada che entrambi dovevano attraversare aspettando che il semaforo volgesse al verde. Sorpresa e imbarazzo. Emozione, anche per lui, ne era certa. Corpi che vorrebbero toccarsi, tenuti a distanza dagli ombrelli. Parole che rotolano disordinate conoscendosi incapaci di dire in quei pochi minuti, in cui ognuno di noi si dimostra e non si mostra mai, la vita. Vent'anni sono passati tra la pura possibilità di essere ogni cosa e quello che poi sono diventati e che, tranne qualche dettaglio di sceneggiatura, saranno ormai per sempre.

Tutto è inatteso. Paolo che le chiede di fermarsi con lui in un bar. La sua attenzione, quello sguardo che scruta e immagina, che sorride compiaciuto di conferme, e si posa riconoscente su quello che vede.

Gli accenni di lui, vaghi e tristi, che migliaia di volte lei ha creduto di udire nei sogni migliori, a un matrimonio che sta andando a rotoli, alla solitudine... Ma non sente rimpianto nella sua voce, solo un invito, un incoraggiamento a credere a quanto sta succedendo. A replicare senza smentirlo, come due tessere di un puzzle che finalmente si incastrano, raccontandogli la sua storia per quella che è: un matrimonio già finito alle spalle, la disponibilità a un nuovo incontro. Gli tace l'attesa di lui. L'ossessione che ha fatto del suo ricordo. Non vuole fargli paura. Non vuole che vada via.

Allora succede. Dopo neppure un mese dal loro incontro, Paolo lascia quella moglie fredda e distante e sua figlia con lei. Con un pragmatismo che forse potrebbe insospettirla. E chissà se poi non la insospettisce davvero, se il tarlo di essere un pretesto, una troppo rapida sostituzione, non comincia a mangiarle il cuore in quel momento. Ma tutto corre. C'è la coincidenza delle vacanze di Natale. Sono potuti partire per un lungo viaggio in Messico loro due soli: Giorgio è con suo padre, la bambina di lui con la madre, finalmente è arrivata la luna di miele postuma, il risarcimento dell'attesa, dell'utopia del nuovo incontro. Tutto è assolutamente perfetto. Paolo è solo per lei – troppo furioso con l'ex moglie per sentirsi in colpa – e per nessun altro. Si sono ritrovati e ora Anne Marie ha solo per sé quell'uomo: come se lui non avesse una storia, come se il tempo non fosse passato né pieno di presenze e ricordi, ferite, esperienze che la tagliano fuori. Lo ha atteso così tanto, e lui ora è lì, davanti a lei, con la perfezione del sogno: il suo desiderio non potrebbe essere più intenso, le sue parole più preziose e struggenti di richieste e di offerte. Ma può essere all'altezza del desiderio chi abbiamo così a lungo atteso? Possiamo accoglierlo per quel che è, per se stesso, come l'altro?

Ti ho vista per la prima volta qualche mese dopo il vostro viaggio. È da allora che raccolgo dove posso pezzi della tua vita, per farne una storia. Per inchiodarti alla pagina e, tenendoti ferma, guardarti, per capire. Quando ho saputo che stavi arrivando negli uffici di Paolo ho immaginato di trovarmi di fronte una regina trionfante: ti eri scritta da sola il film della tua vita e lo stavi interpretando da protagonista. Avevi la tua favola, con il Principe Azzurro che sguaina la spada e ti porta su un piatto d'argento la testa della strega cattiva, della moglie umiliata. Ero lì per caso, una presenza marginale: mi sono vista comparire davanti una donna sospettosa, imbruttita da un sorriso diffidente, che riservava ai presenti uno sguardo senza neppure una fessura di curiosità, di apertura. Solo il desiderio di carpirci un qualunque segreto: chi tra le donne presenti poteva essere stata la sua amante? Quale ricordo comune con lui, sia pure di un'intimità scanzonata o professionale, faceva di te l'esclusa e di chiunque tra noi un nemico?

Tutti, ciascuno a suo modo, ti avevano accolta. Chi più frettolosamente per celare l'imbarazzo o solo perché troppo preso dal proprio lavoro, chi con uno slancio persino eccessivo di calore, per farti sentire benvenuta, accettata. Sembravi a disagio, e sei andata via subito, come cercando riparo, o un più certo dominio, nella stanza di Paolo. Per educazione ti avevamo già dimenticata nelle nostre conversazioni quando lo abbiamo visto entrare stravolto. Ha spazzato via da una scrivania una pila di cartelle, facendole cadere per terra, e ha cominciato a gridare. Un attore che hanno buttato sulla scena all'ultimo momento e pronuncia battute che non ha fatto in tempo a capire.

« Anne Marie è la mia donna. E mettetevelo bene in testa tutti. Esigo che la salutiate con rispetto e come si deve, se proprio non potete farlo con simpatia o con amicizia. Non permetterò a nessuno, e sottolineo a nessuno, che la si umilii un'altra volta. »

E non capivamo neppure noi. Né potevamo, d'altra parte. Ci mancava un pezzo che poi era il nesso tra la tua presentazione e la sua sfuriata. Che solo molto tempo dopo ho ricostruito. Eri andata da lui, ti eri chiusa la porta alle spalle e avevi "dolcemente" messo in scena la tua avvenuta umiliazione.

Sapevi di mentire? Lo hai fatto con freddo e deliberato calcolo, come prova generale di una distanza che giorno dopo giorno avresti poi scavato tra lui e ogni altro, tra lui e il suo passato? O invece quel pianto riguardava te e te soltanto: perché non si può aspettare un uomo per tutta la vita per poi accorgersi, una volta che lo si è avuto, che non è lui l'uomo del sogno. Perché non puoi permetterti di accedere a questa verità, e allora non ti resta che punire te stessa per il resto dei giorni, e tormentare lui per l'inganno.

Ho un'ultima immagine di te. Un'immagine che fissa l'impossibilità della tua richiesta. La sua irrimediabile sconfitta. Perché manca costantemente l'obiettivo e neppure si placa ogni volta che si illude di averlo raggiunto. Siamo in un teatro: una scenografia perfetta di folla confusa e di anonimi avversari. Individuo, tra gli altri, voi due. Vi seguo osservandovi alle spalle: nella libertà di uno sguardo che sa di non essere visto. Vi si avvicina una donna. È a suo agio nel mondo. Si vede da come cammina, da quanto ha scelto di esibire e coprire del suo corpo in un perfetto equilibrio di concessione e divieto. Sa farne un trionfo, ma sa anche governare il desiderio che suscita negli altri. Abbraccia Paolo in una stretta salda: sente il diritto di esprimere l'affetto che ha per lui, in un gesto caldo, senza compiacimenti seduttivi. È il suo modo per comunicarti rispetto: non ti conosce, ma intuisce il tuo posto nella vita di lui. Si volta subito verso di te con un sorriso aperto, di disinibita allegria. Le tendi rigida una mano scontrosa. Ancora poche parole, non posso sentire quali. Poi la bella sconosciuta si dilegua, tornando tra la folla.

La mia poltrona è alcune file dietro di voi.

Posso vedere le vostre teste che si avvicinano nella necessità del bisbiglio. Che è irato, frettoloso. Un battibecco? O solo il prologo a un altro litigio? A un'altra notte durante la quale non ci sarà riposo, nella quale alternerai la punizione al lamento, lo terrorizzerai per poi commuoverlo, lo allontanerai per poi trattenerlo.

Quando si accendono le luci del primo tempo quello tra di voi è diventato un vero litigio, per quanto trattenuto dalla decenza. Ora non ho più dubbi. È per via della donna che ha abbracciato Paolo, il fantasma sempre possibile dell'altra, desiderio che si aggira per la vita su gambe di donna: incerto, sovversivo, inquietante, indomito.

Non puoi fare sul serio. Questa tua scenata di gelosia non può riguardare lei. Non hai avuto neppure il tempo di sapere chi fosse stata per lui: l'amante di una notte? Una vecchia compagna di studi? La più cara amica di famiglia conosciuta quando erano bambini? No, nessun elemento di realtà te l'ha potuta rendere così immediatamente nemica.

Tu gliela stai indicando. Capovolgi l'ordine di andare con un'altra donna con un'irragionevole grido di battaglia all'altra donna. Ora finalmente so decifrare la tua lingua non proprio sconosciuta: bisogna leggerla al contrario, sottosopra. Lo trattieni perché vuoi che vada, ti abbarbichi addosso a lui perché infine fugga, reciti una rivalità triviale perché agogni quello che dici di temere: che un'altra donna te lo porti via.

Sei malata da molti mesi ormai. Affidi al tuo corpo il compito di dire quello che a te è impedito: l'infelicità senza scopo della tua vita. Hai ottenuto tutto e ancora, inspiegabilmente, non ti basta. Ma poi volevi davvero quello che chiedevi? Paolo è venuto a vivere con te. Non vede sua figlia se non in tua presenza, come pretendevi. Non trascorre più neppure una notte fuori casa, nonostante per il suo lavoro ne avrebbe spesso necessità, perché ti è insopportabile la sua assenza e ancor di più i fantasmi della gelosia che subito vanno ad abitarla. Ti ha detto di nuovo sì.

Così, oscilli continuamente tra il piacere, brevissimo, per aver ottenuto quello che assurdamente chiedevi e il disgusto piatto e incolore che ti assale allo svanire quasi immediato del sapore della vittoria. Per essere invasa da una nuova inquietudine, dall'urgenza di un'ulteriore richiesta. Metti continuamente alla prova un amore che non ti basta, che svanisce mentre lo nomini. Un amore che in quanto miraggio ti appare *come la Mecca del cuore* e che, a contatto con la realtà, ritorna cenere. Niente basta a placare il tuo desiderio che sia di più, e di più e ancora di più. Ma è poi davvero l'amore ciò che chiedi? O il tuo è un continuo lapsus, un tormentoso equivoco?

Sembri dire parole intendendone altre, chiedere una cosa volendone in realtà una diversa. La tua è una lingua babelica, perché non c'è nessun rapporto tra ciò che davvero vuoi e quello che chiedi.

E di lui che pensare? Ti delude il suo pavido assentire alle tue richieste? O il fatto che capisce esattamente e letteralmente ciò che chiedi, fingendo di credere alla tua lingua? O il suo tradurre infantile senza alcuna grandezza interpretativa? E se fosse il no quello che supplichi davvero? Un limite al tuo delirio? La prigione di un rifiuto dentro la quale finalmente far riposare la tua richiesta inesauribile?

Non hai trovato pace nell'amore. Lo hai trasformato in una guerra. A lui: ogni volta che è altro da te, fuori di te, irrimediabilmente separato da te. E poi al suo mondo di cui hai fatto terra di razzia e di conquista. E perdi. Perché chiedendo all'amore la sua verità ultima e definitiva si perde sempre.

CAPITOLO 9

INTERPRETARE GLI UOMINI: UNA PASSIONE FEMMINILE

Sarà opportuno tenere a mente questa arcaica mancanza di autosufficienza maschile: mancanza interiore, certo, ma che dal nostro punto di vista può rendere più facile una debolezza istituzionale. Quando parleremo dei tempi moderni avremo a che fare con una fragilità non molto diversa. Noi non sappiamo quale sesso dominasse a quei tempi la società. Ma sappiamo che il femminile dominava la psiche. Per la psicologia, il maschile era relativo, il femminile assoluto. La presenza maschile sembrava contingente, quella femminile necessaria.

Luigi Zoja, *Il gesto di Ettore*

Che terribile facilitazione hanno le donne a fare dell'amore il luogo nel quale esprimere la propria volontà di potenza, a confonderlo con il mondo. A idealizzare a tal punto il proprio desiderio da rendersi impossibile il suo godimento. Se solo Anne Marie avesse utilizzato un millesimo delle sue energie nel mondo, se la storia millenaria del nostro sesso così a lungo segregato non le avesse fornito immagini tanto potenti, miti, parole, gabbie... E, invece... Isterica. Ossessiva. Paranoica. Pazza. Epiteti, offese. Che se non ci hanno colpite molto da vicino, almeno una volta nella vita, allora ci hanno sfiorate. Scagliati, con la terribile forza d'urto che hanno i giudizi assoluti e definitivi, su un'amica, una conoscente, una donna a noi vicina. E non importa quanto prossima nel sentire e nell'agire. Perché quelle donne moleste, persecutorie e perdenti, mettono in scena un delirio amoroso vetusto e *insano*, dal quale noi altre donne libere e *sane* non possiamo non dissociarci, e che pure, per quanto in modo oscuro, ci riguarda.

Le grandi isteriche, che irruppero nella scena psicanalitica d'inizio secolo, orientandola e illuminandola con l'espressività dei loro sintomi, sono scomparse. Ma ancora oggi si aggirano per il mondo donne che si autorizzano impudiche, completamente prive di freni inibitori, a domandare per sé un assoluto, un tutto, un per sempre, un'indistinzione tra l'io e il tu. Quelle lontane antenate destinavano il proprio delirio all'Uomo sognato e inesistente, a un fantasma. Perfetto. Potente. Erano malate, certo. Ma la patologia, mentre estremizza e deforma, insofferente ai lacciuòli delle maschere sociali, alla decenza, al dover essere, si incarica anche di scoprire e rivelare il più segreto congegno dell'amore.

Ancora oggi esistono donne possedute dal "delirio d'amore", che quella stessa impossibile domanda la rivolgono a un uomo possibile e reale. A un qualunque uomo in carne e ossa. Che hanno atteso e voluto e che, molto lontane dall'esserne appagate quando infine lo ottengono, distruggono con furia selvaggia. Quell'amore lo minacciano e lo insidiano, gli dichiarano guerra, lo pretendono, sempre più grande, esclusivo, assoluto, e non trovando risposte adeguate lo attaccano di nuovo. In un corpo a corpo sfinente e sanguinoso.

Non sono mai riuscita a piangere per *Adèle H.*: è un film che ha commosso fino alle lacrime le donne della mia generazione, che ci ha segnate fin quasi a diventare un *topos* della nostra educazione sentimentale. Fuori da quelle sale, in quegli anni, si combatteva quella che avrebbero chiamato "la guerra fra i sessi". Ma al riparo dagli uomini, dai loro occhi ironici e indiscreti – *Adèle H.* era un genere di film che si andava a vedere "tra donne" – ci concedevamo una tregua da quella sfinente battaglia e potevamo finalmente singhiozzare in pace per quella sfortunata paladina dell'amore romantico. Io no, non riuscivo a versare neppure una lacrima. Mi offendeva la sua umiliazione, il suo consegnarsi inerme nelle mani di quel bellimbusto senza fascino. E mi irritava l'isteria di Adèle, quella che allora mi sembrava solo una delirante ossessione. Così restavo contratta in una rabbia impotente. Non mi piace neppure Anne Marie: non mi appartengono né la povertà desolante del suo vocabolario, né le immagini piccolo-borghesi alle quali attinge il suo delirio amoroso.

Eppure, c'è qualcosa di Adèle che, sapevo anche allora, oscuramente, mi riguardava. E d'altra parte quale donna che sia stata una *giovane donna* ancora alla fine degli anni Settanta, o giù di lì, può dire di non essere cresciuta in amore anche perdendosi? Consegnandosi, irretita, ma non per questo meno consapevole che prima o poi sarebbe stata abbandonata e tradita o offesa, al *suo Pinson*? Chi tra noi non ha avuto la sua piccola dose di degradazione? E chi è rimasta insensibile all'archetipo del don Giovanni, alla fascinazione del leader? Chi non ha fatto l'esperienza di darsi e d'amare il proprio aguzzino al grido di "io ti salverò"?

E d'altra parte, persino in Anne Marie c'è qualcosa che risuona dentro di me, seppure come possibilità remotissima e odiosa. Forse, riconosco la radice comune del non saper chiedere, del non saper ben distinguere quando sto parlando di me da quando sto parlando dell'altro, almeno non sempre. Del non saper nominare i miei desideri se non distorcendoli fino a renderli irriconoscibili.

Louise Kaplan, che alcuni anni fa ha scritto un saggio intitolato *Perversioni femminili*, dedica un capitolo a Emma Bovary, l'eroina flaubertiana nella quale, da Baudelaire a Vargas Llosa, molti avevano già indovinato un'anima virile, sia pure ben nascosta dietro la maschera di una squisita femminilità. Eppure, chi più di Emma è innamorata dell'amore. Chi più di lei si sottomette all'amore e agli amori. Già, è così, sostiene la Kaplan: in realtà, si sta identificando con i poteri di chi domina. «Sottomettendosi, il/la partner dà appagamento a quelle parti di sé che considera proibite e vergognose.»[1] È quello che succede, infatti, quando Emma cede alla relazione con Rodolphe Boulanger. I suoi modi cominciano a cambiare, proprio nel senso di una mimesi con il suo amante, di una mascolinizzazione. È lo stesso autore di *Madame Bovary* a metterci sulla pista: «I suoi sguardi diventarono audaci, i suoi discorsi liberi; ebbe addirittura l'impudenza di andare a passeggio con Rodolphe, tenendo una sigaretta in bocca come per sfidare la gente; infine, quelli che avevano ancora dubbi li misero da parte, quando un giorno la videro scendere dalla *Rondine* con la vita fasciata in un panciotto quasi fosse un uomo». Che cosa ci sta suggerendo allora lo scrittore francese? Secondo Louise Kaplan, «nella sua Emma, Flaubert mette di continuo qualcosa di nuovo là dove non ci si aspettava di trovarlo. L'immagine esteriore di vergine pallida e fragile, le gonne di seta, i cappelli di paglia dalle velette svolazzanti, il delicato fisciù di merletto, le pantofoline di seta rosa, le sciarpe algerine, le melanconie religiose, i cliché romantici sono le sue armi più valide. Con tali femminili frivolezze, ella maschera il suo spirito da dominatrice, il desiderio di penetrare il velo dell'illusione. [...] Emma si era mascherata da *femme evaporée* sessualmente sottomessa per nascondere al mondo, e a se stessa, le sue tendenze sessua-

[1] Louise J. Kaplan, *Perversioni femminili*, Raffaello Cortina Editore, Milano, 1991, p. 73.

li attive, le ambizioni intellettuali, che nel mondo di cui faceva parte erano prerogative degli uomini».[2]

Non molto diverso era il ragionamento che faceva un'amica psicanalista su una sofferenza che sembra colpire in particolar modo le donne: l'ansia che, lei mi spiegava, in analisi si presenta quasi sempre come un mascheramento dell'aggressività. Così, a proposito di questo continuo traslare del nostro sesso nella comunicazione, mi raccontava come per molte donne sia impossibile mettere in scena l'aggressività, e di quanto se ne vergognino e la censurino. Trasformandola, naturalmente, in qualcosa d'altro. Dal momento che la caratteristica dell'ansia è di attaccare chi ne è vittima come un nemico, non permettendo di sentire nient'altro, ecco allora che diventa una difesa. Perché può essere preferibile entrare in un penoso stato d'ansia piuttosto che venire a contatto con desideri troppo spaventosi. E mi faceva l'esempio più classico, quello della paziente che vive nel terrore della morte del proprio compagno, di un incidente imprevisto e letale: dietro al quale si cela proprio un inconfessato bisogno di separazione emotiva, di distanza, che però non si può ammettere. Dunque, le donne lottano ancora per dire "io", per aprirsi e conquistarsi spazi, spesso senza riuscire a farlo, sopraffatte dal senso di inadeguatezza, di vergogna, di paura.

Così, anche il linguaggio dell'ansia, come le inesauribili richieste di amore di Adèle, di Anne Marie o di Emma Bovary diventano metafora di qualcos'altro, e, per giunta, da leggersi capovolta.

Perché la parola femminile nell'amore continua a essere tortuosa, allusiva, implicita, contorta se non limacciosa? Perché gira intorno e suggerisce, ammicca e nasconde? È una parola ancora ti-

[2] Louise J. Kaplan, *op. cit.*, p. 73.

morosa di dire, e non per questo meno aggressiva. Sempre spostata, obliqua rispetto al senso. La parola femminile teme la smentita o, invece, aspira a essere disvelata dal suo interlocutore? Come se solo l'altro possedesse la soluzione dell'enigma. Che è invece condannato a restare insoluto. Perché l'uomo, e questa è la sua forza, persino la ragione del suo residuo di dominio, si sa da sempre legittimato a dire il desiderio, ciò che considera il "vero", l'autentico. Per lui non c'è scarto tra parola e senso. Il senso è già lì, tutto nella superficie delle parole pronunciate.

In questo groviglio comunicativo dove ciò che si dice è costantemente altro rispetto a ciò che si vorrebbe dire e non si osa dire, l'uomo che posto occupa? O, meglio, che posto una donna gli lascia occupare? Sembrerebbe sia destinato a fallire la comprensione della parola femminile. Perché questa nasce per nascondere e non per svelare. Dunque, la sua verità non può essere intesa nell'ascolto, ma solo decifrata dall'interpretazione. *Ma gli uomini non sanno interpretare*: gli uomini si attengono alle parole così come vengono loro dette, perché ne immaginano, e in qualche modo pretendono, la linearità.

L'equivoco, se posto in questi termini, è irredimibile. Perché le donne pretendono per sé quello che loro fanno da sempre nei confronti degli uomini. Li interpretano.

Sandra e Marco, dopo sedici anni di convivenza, si erano alla fine lasciati. Non che lui volesse andare via, ma non poteva più pronunciare per lei quella parola definitiva, certa e piena che li aveva a lungo legati. Non poteva più dire d'amarla. E, dunque, la ometteva. Ma indugiavano entrambi: lui, pur sapendo di non aver più altre promesse da proclamare, restava, con la proditorietà del bambino-tiranno che, consapevole di non aver nessuna intenzione di piegarsi alla volontà materna, sa anche di poter comunque contare su un posto caldo e sicuro nel suo cuore; lei lo tratteneva, avvolgendosi in una spirale di pensieri segreti. Che pur mossi da un dato di realtà – « Lui non mi ama più » – poi la riportavano a sé: « Se lui resta è perché è ancora legato a me. E se è legato a me, ma non riesce più ad ammettere il suo amore, che cosa, attraverso questo rifiuto, sta cercando di dirmi? Vuole forse punirmi? Sì, vuole punirmi e devo cercare di capire per quali errori. Perché, certo, di errori ne ho fatti. Moltissimi ».

Ho visto questa donna sbudellarsi con lo stesso lucido e proclamato dolore di un'eroina della tragedia greca, e poi vivisezionarsi gli intestini con la precisione di un'anatomopatologa, interrogarsi, chiedersi, tormentarsi nella certezza che in lei, e soltanto in lei, fosse la risposta alla fine dell'amore di lui. E che dunque il suo rifiuto, ben lontano dal doversi accettare per quel che era, dovesse invece illuminare e dare senso alla propria intera vita: *Se io comprendo il mio errore e quindi sono capace di modificarmi, anche il suo non amore potrebbe trasformarsi di nuovo in amore.*

Ancora uno o due anni dopo essersi lasciati, Marco tornava a trovarla con una certa frequenza e, sempre, alla fine di quelle serate di vecchia intimità matrimoniale e domestica lui cercava rifugio nel letto di lei. Sandra lo aveva accolto fino a quando era riuscita a sperare che il gesto del *fare* l'amore fosse evocativo di per sé *dell'amore*, che al mattino si sarebbe infine realizzato il miracolo: lui sarebbe tornato per sempre. Notti su notti aveva trascorso così, mentre lui rilassato e pago le dormiva al fianco, lei rimuginava sulle più incolori e neutre battute pronunciate dall'uomo amato in cerca di una traccia, di un dettaglio che indicassero la resa, il ritorno.

Aveva smesso di ospitarlo quando aveva smesso di interpretarlo. Finalmente arresa al senso palese della sua lingua, nella quale dire *non ti amo più* significava letteralmente che aveva *smesso di amarla*. Così come chiederle di fare l'amore significava condividere la rassicurante intimità di corpi conosciuti e perfettamente sintonizzati per alcuni minuti, ore e notti. Per poi tornare, ognuno, verso la propria vita. Non rinviava ad altro, quella richiesta, non nascondeva né sottintendeva alcunché.

Allora la domanda è: perché le donne interpretano la parola maschile? Perché ancora oggi un uomo, anche nell'addio, restituisce una domanda di senso alla donna? E perché le donne si ostinano in questo modo, supponendo, immaginando, decifrando, a capovolgere l'affermazione dell'altro in un'interrogazione su di sé? E, infine, lasciare ancora all'uomo il compito di definire il nostro orizzonte coincide poi soltanto con il residuo di una subalternità che non riusciamo a vincere?

Mi aveva straordinariamente colpito quello che una volta mi aveva detto un'amica, una donna oltre la soglia dei cinquant'anni. Raccontava come alla sua età, in assenza di un uomo, si facessero pudiche le parole sull'amore. Sulla mancanza. Sul desiderio. Tra donne non se ne parlava più, nel timore, innanzitutto, di ferire e ferirsi. Ma si continuava, invece, nelle confidenze femminili, a discutere volentieri degli uomini a cui un tempo si era state legate e dei rapporti di chi, tra le presenti, era ancora in coppia. Perché, mi spiegava questa donna, parlare del proprio uomo e della storia con lui serve sempre: per continuare a capire se stesse. *Nella presenza come nell'assenza, l'altro continua a spiegarmi chi sono, a rispondere alle domande che riguardano il mio senso e la mia vita.*

Quante volte alla sorella, all'amica, persino alla più anonima collega che confida la crisi di un legame, o chiede consiglio su un conflitto allarmante e sul vento di crisi, abbiamo consigliato una più attenta riflessione sui propri sentimenti, l'aiuto psicanalitico, un cauto silenzio? Sempre presupponendo che lei e lei soltanto, e non l'uomo a cui è legata, possa e debba farsi carico dell'interrogazione che quel dolore le suggerisce. Mai riservando all'altro il gravoso carico della decifrazione, né coltivando l'attesa piena che sia lui a trovare la risposta o la svolta, la via di fuga e di salvezza.

Per spiegarmi il perché questo accadesse la mia amica aveva trovato una definizione che mi era sembrata straordinaria: «Noi donne continuiamo a tenere all'amore come a *un'opera di civiltà*. La nostra generazione si è intestardita nel chiedere all'uomo un'uguaglianza, nel domandargli una somiglianza anche nella cura dei sentimenti. E sbagliava. Perché la verità è che noi siamo *le curatrici della specie umana*».

All'origine di questo movimento che dall'*altro* porta a sé, che dalla sua verità conduce alla mia, lì dove la conoscenza della sua verità non si fa strumento di dominio, ma coincide con la conoscenza di me stessa, c'è un'immagine potente. Quella di una catena millenaria di donne-madri che «sospirano con compassione e pazienza per le strane passioni degli uomini». Alle quali mai hanno creduto fino in fondo. Quella di un'attitudine antichissima a guardare oltre ciò che si vedeva, e a sentire più in fondo del rumore delle parole dette, perché sempre il *proprio uomo* era *diverso* dalla rappresentazione che di sé era costretto a dare nel mondo. E che fosse di più o di meno di quello della maschera e della recita non cambiava la posizione femminile dell'ascolto e dell'interpretazione.

Oggi, però, questa competenza si rivela stanca di troppi anni: era necessaria per stare ognuno, uomini da una parte e donne dall'altra, nella posizione che ci era stata assegnata da sempre e per sempre. Ora che ci siamo mescolati e confusi gli uni con le altre, che non siamo più al sicuro uno davanti all'altra in ruoli certi e definitivi, ma semmai uno accanto all'altra, sempre più smarriti e incerti, orfani di maschere e di parti assegnate, non sarebbe il tempo di fermarsi ognuno davanti all'ignota lingua dell'altro, rispettandone il mistero e la differenza delle radici, per cominciare finalmente a parlare senza più pretendere che la propria lingua sia quella ufficiale? Non è ancora tempo per noi donne di spingere i nostri compagni fuori da quell'eterno giardino d'infanzia che gli abbiamo costruito intorno? Non è, infine, tempo per gli uomini di andare, ma di andare però senza più nessuna certezza d'essere accolti al ritorno?

CAPITOLO 10

L'EQUIVOCO

Milan ha appena compiuto quarant'anni. Ha una macchina potente. Un cellulare. Una casa di proprietà. E una passione: il mare. Vive in un paese dell'Est. In un ex paese socialista. Che ora è un nuovo paese di libero mercato. Come quasi tutti i suoi coetanei si sta godendo la sbronza di libertà e benessere. È ipercinetico: in perenne movimento, in continua sovraeccitazione. Lui è in azione. Se non sta facendo qualcosa, allora la sta programmando. Milan sta tutto nella superficie del gesto: il pensiero gli è ignoto. A questa data della vita c'è arrivato con una perdita: la sua donna lo ha lasciato. Gli amici comuni la descrivono come una donna molto innamorata, sensibile, apparentemente travolta dalla personalità di lui. In realtà sa proteggersi. E nonostante le pressanti richieste di Milan, non lo sposa. Forse non si fida. E preferisce una più cauta convivenza. Poi, o come direbbe lui, "all'improvviso", perché qualunque evento drammatico pare sorprendere l'ottimismo a-storico di Milan, lei lo lascia. È innamorata di un altro. Ma Milan aveva ormai deciso che era arrivata per lui l'epoca del matrimonio, dei figli, della costruzione di una famiglia. Non si scoraggia: il progetto resta lo stesso, magari subirà solo un lieve ritardo: è venuta meno la donna con la quale doveva realizzarlo? La sostituirà.

Tre mesi dopo sta già chiedendo a un'altra consigli di arredamento per la casa che stava mettendo su con la ex fidanzata. Ecco che Agàta è comparsa sulla scena, sul palcoscenico che Milan ha già apparecchiato prima di lei. A prescindere da lei. Basta bussare e le sarà assegnata una parte già scritta: si cercano interpreti. E Agàta sembra perfetta per quel ruolo.

Vuole sposarsi? Vuole dei figli? Costruire anche lei una famiglia? Ha quasi la metà degli anni di Milan. È bella, sensuale, non molto alta, ma di proporzioni perfette. Fascino esotico di lineamenti e fattezze. Sua madre è dello stesso paese di Milan, suo padre, invece, è un ricco uomo d'affari giordano che nessuno vedrà mai. È il primo dei molti misteri della sua vita. Costretta dalle necessità, Agàta racconta una fuga rocambolesca della madre, allora hostess, attraverso l'Europa, l'incontro con l'uomo che poi diventerà suo padre a Parigi, il successivo trasferimento in Giordania dove lei trascorre l'infanzia.

Quello che Agàta non racconterà mai è che il bel giordano una famiglia l'aveva già: non sposerà mai – non può, né d'altra parte ne ha alcuna intenzione – la straniera fuggitiva che, insieme alle tre figlie avute da lui, costringerà per molti anni a una vita clandestina. Ciò che dice, e questa è la verità, è che la madre ha lasciato suo padre da lungo tempo e vive insieme a un altro uomo, in America. Dove anche lei ha vissuto la prima adolescenza, per poi frequentare il liceo a Parigi, in un collegio femminile e, alla fine, approdare nella terra materna dove ancora abita la nonna.

Un mese dopo essersi conosciuti, annunciano che nell'estate di quello stesso anno si sposeranno. I fratelli di lui lo sanno precipitoso, impulsivo. Gli consigliano di aspettare: sono convinti che sia lui ad accelerare gli eventi. Invece la risposta di Milan li gela: «Dobbiamo sposarci. È così. Ormai è deciso». Deciso da chi e da cosa?, indagano. Così scoprono che in città è arrivata la madre di Agàta: fa pressioni perché il matrimonio avvenga il più presto possibile.

Agàta non fa nessuno sforzo per entrare nella grande e solida famiglia di Milan: non mostra curiosità nei confronti di nessuno, risponde laconica e piuttosto sgarbata alle domande che la riguardano. Si aggira scontrosa in quella famiglia che non è la sua, né vuole che lo diventi. Solo le cose le interessano. Le tocca con una smania infantile di possesso. Vede un tavolo di ciliegio nell'angolo del salone e dice alla suocera che certamente potrà darglielo: a che serve all'anziana signora? Invece lei e Milan hanno pochi mobili, in casa loro starà bene. Nota in una vetrina un fine servizio da té: potrebbe incartarglielo per la prossima volta che andrà a trovarla? Le piacerebbe averlo in regalo. Non chiede, pretende. Come se si stesse muovendo nei solidi equilibri di quel nucleo borghese, apparentemente armonioso, come in un sogno. Come se finalmente potesse accedere alle stanze proibite della casa del padre dalle quali è sempre rimasta un'esclusa, un'indesiderata paria.

Certamente ha già perso quel fare seduttivo con il quale aveva incantato Milan. Gli amici di lui diffidano fortemente di questa giovane donna dura e misteriosa: sospettano che lei sia spinta al matrimonio per interesse. In fondo, a parte questa favola di un ricco padre lontano, lei non ha niente. Vive con la vecchia nonna e le sorelle in una casa di periferia, non sembra povera ma neppure parrebbe avere niente di suo. È una giovane studentessa vicina alla laurea, con una famiglia lontana, e magari ha messo gli occhi su quel professionista benestante.

L'equivoco del loro incontro è palese a tutti, tranne ai due protagonisti che sembrano muoversi l'uno verso l'altra senza vedersi, spinti da una necessità superiore, pedine inconsapevoli di un disegno che li travalica. Anche i loro discorsi non sembrano combaciare: Milan parla di figli, Agàta di viaggi che sogna di fare, lontani e numerosi. Lui progetta la famiglia, lei pianifica la sua futura professione di urbanista e una specializzazione che spera la tenga a lungo in Europa. Se si ascoltassero l'un l'altra sentirebbero la dissonanza, ma preferiscono restare sordi. Entrambi, già a questo punto, sembrano volere qualcosa che l'altro non può dare. Solo in un punto coincidono i loro desideri: vogliono entrambi sposarsi. I programmi di Milan sono proclamati. Lei è lo strumento attraverso il quale li realizzerà. Ma lei perché sposa lui? Perché, innanzitutto, si sposa?

Amore: naturalmente la parola è stata pronunciata. In assenza di parole migliori è la più facile. Ma tra loro suona logora, stanca.

Qualche mese prima delle nozze Milan propone ad Agàta di andare a trovare il padre in Giordania: gli sembra una visita doverosa, un gesto di cavalleria dovuto alla giovane sposa. Ma lei taglia corto. Sfuggente. Poi, nel timore di insospettirlo, gli fa una promessa: appena possibile andranno lì a celebrare il rito religioso. Si sposeranno di nuovo. Davanti a suo padre.

E finalmente arriva il giorno tanto atteso. Per la seconda volta, ce ne sarà solo un'altra ancora, compare la madre di Agàta. Nel suo precedente soggiorno in città aveva fatto in modo che la coppia stabilisse con certezza la data del matrimonio. Ora è arrivata per parteciparvi. Fa in tempo a strappare un altro risultato. Agàta avrebbe scelto come testimone una sua compagna di università. Lei cambia i suoi piani: chiede con un filo di voce, piange, infine supplica sua figlia che non vorrebbe cedere. Vuole che sia il suo compagno, quel signore americano che per Agàta è un perfetto estraneo, a fare da testimone alle nozze. Infine, la figlia accetta. Non riesce mai a sottrarsi alla volontà della madre. Lei è la lupa orgogliosa e fiera che l'ha protetta in quella terra straniera dove ha trascorso l'infanzia: ha sopportato amarezze, umiliazioni perché crescesse accanto a un padre che non poteva vivere insieme a loro. È la guerriera che è rimasta fino a quando non ottiene per la sua prole il rispetto dei diritti ereditari; fino a quando quell'uomo non le pare sufficientemente legato alle sue figlie, tanto da non poterle più dimenticare. Fino a quando il vincolo di sangue non diventa per lui sentimento indelebile e ricordo palpitante: solo allora le ha sottratte al supplizio della invisibilità. E se n'è andata via, per sempre.

Milan, nella notte che precede il matrimonio, ha sentito piangere Agàta accanto a sé nel letto. Era un pianto lento, silenzioso, inconsolabile. Le ha chiesto spiegazioni e lei gliene ha data una, la prima che le è venuta in mente, la più convenzionale. Sapeva che lui non avrebbe indagato troppo: le mancava quel padre lontano, le faceva dolore sposarsi in sua assenza. Né avrebbe saputo dire perché piangeva. Tranne sentire che quanto sarebbe successo l'indomani non la faceva felice. Forse poteva provare un fremito pensando al come: la propria bellezza e l'allegria, il calore degli amici e la festa; ma non doveva pensare a nient'altro: perché altrimenti quel giorno le appariva un gorgo buio, un tunnel senza uscita, una data paurosa eppure inevitabile. Doveva sposarsi: l'aveva sempre saputo, fin da bambina, ma non sapeva perché lo stesse facendo adesso, con quell'uomo, in quel preciso momento della sua vita. Sapeva in un qualche modo oscuro di eseguire ciò che la madre si era sempre aspettata da lei, la maggiore delle sue figlie. Quello che non poteva dirsi era che si stava sposando in nome e al posto della madre. Come risarcimento alle sue nozze mai avvenute. E cosa si aspettava Agàta realizzando un sogno non suo? Forse aveva vagheggiato che, se per un giorno si fosse sostituita a sua madre, sarebbe stata finalmente del padre. Lo avrebbe ricondotto a sé?

Invece suo padre non c'era. Non ci sarebbe stato neppure l'indomani. A marcare l'assenza e la perdita, sua madre le metteva accanto il suo uomo. Persa nella nebbia di fantasie altrui, stava per sposare uno sconosciuto. Non era Milan che voleva, lei. E allora perché, come in un lapsus, aveva nominato l'amore?

La mattina la casa è invasa da una moltitudine di composizioni floreali, una diversa dall'altra: decine e decine di iris e di rose, di dalie e di orchidee sfilano davanti ai suoi occhi come in un caleidoscopio di combinazioni diverse. Le fanno folla, passato, calore di affetti molteplici. Ne apre, uno dopo l'altro, i biglietti di accompagnamento. Contengono frasi sdolcinate, massime, auguri, citazioni celebri di romanzi d'amore. Tutti scritti con la stessa grafia. Non cerca neppure la firma, che comunque non c'è. Né avrebbe bisogno di altre conferme. Sono di sua madre.

Si staglia, bellissima, sulla soglia: ad attenderla, un corteo di macchine di amici festanti. È un'immagine verginale. Ha un abito leggerissimo di organza bianca che le lascia le morbide spalle scoperte: un'adolescente pudica, con in testa una coroncina di rose, i capelli neri sciolti. Milan invece sembra un giovane cavallo scalpitante. Si aspetta dai suoi amici di sempre qualche sorpresa goliardica capace di animare la festa che ha voluto in campagna. Ha passato gli ultimi giorni a programmare una complicata caccia al tesoro, una gara di tiro con l'arco, la musica, le danze.

Dopo la cerimonia in municipio, arrivati nel ristorante di campagna dove si terrà la festa, tutti si cambiano. Anche Agàta si spoglia del suo lungo vestito da cerimonia e indossa jeans e T-shirt. Appare ancora felice, è sorridente. I fantasmi della notte precedente sembrano averla finalmente abbandonata. Gli invitati si raggruppano in piccoli crocchi vocianti, i musicisti cominciano a suonare. Gli amici si complimentano con la sposa, è bellissima, ci si scambia saluti, i soliti auguri. Tutto va esattamente come deve andare. Fino a quando i fratelli di Milan chiedono alla coppia di raggiungere il laghetto: suggeriscono una foto sul ponte. Milan abbraccia Agàta, lei reclina la testa leggermente di lato. Sarà un'immagine stereotipata, ma è pur sempre quello che ci si aspetta da una sposa. Sorride. Un attimo dopo si sente spostare come da un vuoto d'aria. Non c'è stato il clic. I fotografi, più alcuni altri amici rimasti nei pressi, si sono avventati addosso a Milan e lo hanno buttato nel laghetto. Un'azione rapidissima, che lei non ha fatto neppure in tempo a seguire. Lui è ancora nell'acqua a metà. Fradicio, sta imprecando sorridente verso gli amici: in fondo se lo aspettava. È così che si fa ai matrimoni. Per animarli. Non riesce neanche a finire il pensiero che sente urlare Agàta: « No, non potete farlo. No, no. Avete rovinato il mio matrimonio ». E piangendo raggiunge il primo tavolo apparecchiato per rovesciare tutto quello che c'è sopra.

Alle urla di Agàta fanno eco quelle della madre. Tutti gli altri sono rimasti in un silenzio raggelato di imbarazzo: « Avete rovinato il matrimonio di mia figlia, vergognatevi. Le dovete le vostre scuse. Voglio sentirle ora, subito ». La donna scuote con violenza i cognati di Agàta che restano increduli, ammutoliti. La sposa intanto è raggiunta dal marito bagnato e confuso. Mentre la porta all'interno del ristorante per calmarla, le chiacchiere non sono più udibili di un sussurro: improvvisamente diventate inopportune, come a un funerale.

Agàta piange finalmente di rabbia. È travolta dalla sensazione che qualcosa di irreparabile sia accaduto, qualcosa che non doveva assolutamente succedere: profondo come uno squarcio, stridente come il rumore di un gesso sulla lavagna. E comunque definitivo. La realtà è che uno sposo in jeans, in un matrimonio di campagna, è stato buttato nel lago dai suoi fratelli. Qualcuno ha fatto uno scherzo inoffensivo che come unica conseguenza ha causato un bagno. Nient'altro. Ma è proprio questa irruzione inaspettata della realtà nel suo matrimonio, sopportabile e vivibile solo nella dimensione del sogno, perfetto nella sua superficie senza scalfitture, che getta Agàta nella disperazione. La sua fantasia autistica è andata in pezzi. È tutto vero. Tragicamente vero. Perché nelle favole dell'infanzia non si cade nei laghi, non ci sono sposi fradici, tutto scorre semplice e perfetto come ci si aspetta. Senza sbavature, senza imprevisti.

Sei mesi dopo, la tensione tra i due è già palpabile: lui le chiede un figlio al quale lei non ha mai detto no ma neppure sì, e che ora gli rifiuta apertamente. Lei vorrebbe che Milan la traghettasse in mondi sconosciuti, invece lui si rivela incapace di rispondere a qualunque curiosità. Agàta allora si rifugia nello studio: deve laurearsi, in fretta, che la lasci studiare. I libri sono il paravento dietro il quale nascondersi, per tirare il fiato, per sottrarsi al desiderio di lui, quando ormai è notte. La sensualità di quella donna che gli aveva offerto il suo corpo con dedita passione, con un piacere selvaggio e impudico, a Milan sembra ormai un miraggio. Sono settimane che gli vieta di toccarla: ma continua a temere le domande molto più del silenzio, delle omissioni. Così non chiede. Aspetta.

Nel silenzio sono complici. Attori vincolati da un contratto. Recitano lo stesso copione di cui ognuno conosce soltanto una parte: la propria. Chi dei due riuscirà per primo a liberarsi dell'altro?

Del matrimonio in Giordania non parla più nessuno, è un altro interdetto. Solo una volta Milan osa domandare. Ma non direttamente ad Agàta. Incontra per caso Micla, la più piccola delle sue sorelle. Una sera, in centro. Nevica. Si rifugiano in un caffè a bere liquore caldo. «Perché?», chiede Milan. «Cosa c'è che non va in Agàta, così infelice, così chiusa in se stessa?»

«Non posso», risponde Micla. «Non posso dirti niente se lei non vuole.»

Prima di sposarlo, Agàta aveva pattuito con Milan che lui le avrebbe intestato la metà della casa. Alla luce dei fatti che poi sono seguiti, la richiesta potrebbe confermare l'ipotesi di un freddo interesse di lei nei confronti del futuro marito. Che però si guarda bene dal cointestarle l'appartamento. Ma se Agàta fosse stata davvero quella calcolatrice che dicono gli amici della coppia avrebbe scoperto in fretta l'inganno. Perché avrebbe controllato che quello che chiedeva fosse stato eseguito. Invece sembra dimenticarsene. Un'ingenuità? Un'eccessiva considerazione del suo potere su Milan?

Certamente nel primo anniversario delle nozze il matrimonio è già finito. Lei non gli ha più concesso la tregua di un sorriso, di un gesto di amicizia. Persino il superficiale Milan deve arrendersi all'evidenza. Ha un ultimo alibi da giocare con se stesso: che dopo la laurea, una volta uscita da un impegno che sembra assorbirla completamente, ritorni quella che aveva conosciuto. Ma è un alibi stanco, a cui non crede neppure lui. Pochi giorni prima di discutere la tesi, Agàta gli dice che il matrimonio è finito. Farà un breve viaggio in Giordania. Poi, al suo ritorno, andrà via.

Che strana coincidenza questa della separazione con il raggiungimento del padre. E della laurea con la separazione. Quale dei due risultati sta offrendo all'uomo che non l'ha mai riconosciuta? Un nuovo cognome di donna, il primo che le venga per via maschile, e del quale ora si spoglia? O il suo titolo di studio, biglietto di sola andata per il mondo, di una libertà che non chiede più tutele, di un'identità che ha smesso di implorare riconoscimenti? Cos'è stato quel matrimonio così pretestuoso, così incongruo con i suoi progetti, così prematuramente finito e tanto desolatamente spoglio d'amore, per Agàta?

Di sicuro c'è che ricompare per l'ultima volta nella casa coniugale insieme alla madre. Se l'unione con Milan era stata siglata con il pugno fermo da un'invisibile firma materna, la rottura la vede complice e testimone. Forse, Agàta non le permette più di occultare il suo potere. Forse, è una chiamata di correità: che almeno l'aiuti a uscire da lì dove, al posto suo, l'ha messa.

Deve prendere le sue cose, Agàta. Ma vuole anche spartire i regali di nozze, gli elettrodomestici, pochi quadri. I mobili sono tutti di Milan, comprati ancora prima di conoscerla, e per giunta insieme a un'altra donna. Ma Agàta s'impunta: pretende la metà di ogni cosa, e un assegno di mantenimento. Anche in questo caso mostra un volto che smentisce l'altro: una donna che vuole trasformare la propria separazione in un ricco bottino di guerra non si macchia della leggerezza dell'abbandono del tetto coniugale. Resta fin quando ha ottenuto. Invece c'è un'Agàta che va, senza preoccuparsi delle conseguenze, libera, leggera, senza calcolo, e un'altra che torna con il grande libro contabile del dare e dall'avere e freddamente annota. Come se tra le due donne non ci fosse nessuna comunicazione. Come se vivessero, a intermittenza, ognuna una vita propria, all'insaputa dell'altra.

Si lasciano così, spartendosi oggetti. Nella loro storia non c'è stata mai, neppure una volta, una parola che sperasse d'essere ascoltata, che s'illudesse di dire per spiegare. Parole solo per chiedere quello che l'altro non poteva dare. Mai neppure udite.

Agàta da alcuni anni vive a Barcellona. È sola, finalmente. Come aveva sempre desiderato. Ha pagato il suo debito: ha riscattato la propria libertà. Ma il matrimonio l'ha anche resa adulta. Come se in un certo qual modo fosse stato un rito iniziatico. Aveva sempre saputo, sia pure oscuramente, che da lì, da quella tappa paurosa e temuta, avrebbe dovuto passare. Ora che l'ha lasciata alle spalle è finalmente entrata nel mondo.

Milan ha riempito subito quella casella rimasta di nuovo vuota con la separazione da Agàta. Dopo pochi mesi dal suo abbandono ha presentato alla famiglia una giovane donna incredibilmente somigliante a sua moglie. Stessi occhi orientali, stessa carnagione scura e morbidezze di curve. Ma il suo sguardo non gli nasconde niente. O, almeno, così crede lui. Non ha l'inquietudine di quello di Agàta, e neppure i suoi bagliori. È uno sguardo più opaco ma insieme più diretto: dove si posa guarda. E quando si è fermato su Milan è rimasto quieto. La coppia ha due figli.

CAPITOLO 11

L'ABBANDONO

La voce di un uomo. La voce di una donna. Quella di lui appartiene allo scrittore pakistano di lingua inglese Hanif Kureishi, autore del romanzo *Nell'intimità*: lunga confessione di un marito nelle ultime ore che precedono l'abbandono della sua casa. Quella di lei appartiene alla scrittrice Catherine Texier, che in un diario, dichiaratamente autobiografico, racconta la *Fine di un amore*, il suo.

Ho provato ad accostarle, a costruire un dialogo immaginario tra i due protagonisti, tra i due io narranti. Un gioco, naturalmente, del tutto arbitrario. Ma tra i due libri, usciti a non troppa distanza di tempo l'uno dall'altro, esistono alcune, suggestive affinità. Non è comune che un uomo sia disposto all'autopsia dei propri sentimenti, scegliendo la forma del racconto dall'interno, del monologo interiore, quasi un'autocoscienza, acuta, spietata, sfrontatamente sincera. Ma neppure è così scontato, seppure più frequente, che una scrittrice professionista faccia della propria privata vicenda sentimentale, e per giunta di una sua pagina catastrofica, offrendo in pasto al pubblico miserie e viscere, crolli e debolezze, un testo letterario.

Un uomo va, una donna viene lasciata. Due versioni della stessa tragedia, due romanzi speculari. Per entrambi, il dolore che si fa scrittura. Per capire. Per ricordare. Perché scrivere è, anche, «misurare la perdita».

Di entrambe le storie, che riguardano una coppia, conosciamo una sola versione, un solo punto di vista. Degli altri due, della moglie che di lì a poco sarà abbandonata *Nell'intimità*, e dell'uomo che sta per lasciare la sua compagna in *Fine di un amore*, non sentiamo mai la voce, se non come e per quello che i due scrittori decidono di farci ascoltare. Eppure, accostando le parole dei due protagonisti, si ottiene la suggestione di un minuetto, di due monologhi che potrebbero abitare la stessa storia, convivere nel medesimo contesto. Perché non provare ad ascoltarle?

(Lui) «È la notte più triste, perché sto per andare via e non tornerò indietro. Domani mattina, quando la donna con cui ho vissuto per sei anni sarà andata al lavoro in bicicletta, e i nostri figli saranno stati accompagnati al parco a giocare con la palla, infilerò alcune cose in una valigia, scivolerò fuori di casa sperando che nessuno mi veda e prenderò la metropolitana fino all'appartamento di Victor.»

(Lei) «Stamattina, mentre svuoto la lavastoviglie, i colori pastello delle porcellane cantano nella luce grigia di una mattinata piovosa. Il caffellatte nella scodella sa di Francia. Lo smalto giallo della tavola, il turchese delle sedie di similpelle. L'acero biondo sbiadito degli armadietti della cucina. Colori e strutture che amo, che ho scelto io stessa. La solidità del rituale mattutino.»

(Lui) «Ho cercato di convincermi che lasciare delle persone non è la cosa peggiore che puoi fare loro. Può risultare triste, ma non deve obbligatoriamente essere una tragedia. Se non si lasciasse niente o nessuno, non ci sarebbe spazio per il nuovo. Naturalmente andare avanti è un'infedeltà verso gli altri, verso il passato, verso la vecchia nozione di se stessi. Forse, ogni giorno dovrebbe prevedere almeno un'infedeltà essenziale o un tradimento necessario. Sarebbe un atto ottimista, un atto di speranza, che garantisce fiducia nel futuro, la prova che le cose possono essere non solo differenti, ma migliori.»

(Lei) «Io mi tengo un po' sulle mie, non voglio concederti il piacere di lusingare la tua vanità. E tu hai l'aspetto di un ragazzo, sì è vero, di quell'adolescente al quale sei sempre stato simile, cialtrone e leggiadro e spietato e tenero... un uomo non ancora del tutto cresciuto. [...] Mi sento intrappolata in uno scenario allucinante, la tua rabbia concentrata su di me, le parole: *non ti amo più, non provo più niente per te*, ripetute senza variazioni, in maniera ossessiva, con una spietata sincerità che sfiora il sadismo, quasi fossimo presi in un gioco nuovo, aguzzino e vittima, sottoposta all'impassibile reiterare di una semplice constatazione di fatto.

«Ieri ti ho abbracciato e ho detto: ti amo, mi rendo conto che stai attraversando una crisi gravissima, e lo accetto.

«Già, hai detto tu, sto attraversando una crisi. E hai ripetuto, di nuovo, nel caso potessi averlo dimenticato: resto qui soltanto per le bambine. Ma preferirei andarmene.»

(Lui) «Non solo Susan lavora fino alle sette, ma partecipa a cene, va al cinema e a teatro, e si mette seduta a godersi la scena. Può essere esausta, ma è sempre coinvolta. Dopo la mia partenza ci sarà una devastazione. Una donna sola di mezza età con i bambini a carico non ha grande credito sociale, e Susan è sempre attenta al suo status. Ricco e di successo, una volta ero considerato appetibile. [...] In un certo senso lei è stata fiera di me. Un uomo può dare solennità e splendore a una donna. Forse preferiva avere una relazione fallimentare e con una schiena rotta piuttosto che il nulla.»

(Lei) «Sei uscito a fare una passeggiata. Sto singhiozzando alla mia scrivania. Non riesco a sopportare che tu ami un'altra. Non posso accettarlo. Non riesco a superare la cosa. Voglio buttare tutto all'aria, lasciare la casa, non tornare più indietro, non riverderti più in vita mia. [...] Quando sono tornata ieri sera mi hai tenuta tra le braccia tutta la notte. Non abbiamo detto una parola. Hai fatto l'amore con me con le mani e ci siamo addormentati l'uno nelle braccia dell'altra.»

(Lui) «Ci ho provato abbastanza? Perché dovrei immaginare che sono uno con cui è facile andare d'accordo? Forse, per tutto questo tempo, lei ha fatto uno sforzo eroico per andare d'accordo con un pazzo cupo, ipersensibile, completamente assorbito da se stesso. [...] Nina, mi ricordo, ha detto che sono inflessibile. Mi ha chiamato "tiranno". Sì, i miei sentimenti sono forti; i miei desideri sono imposizioni.»

(Lei) «Sento dentro di me un potere crescente. Una forza che vibra. Un giorno deciderò che è finita e tu ne sarai sorpreso. Non te lo aspetti perché io so tenere le mie carte coperte. La mia rabbia a malapena sfiora la superficie. In effetti mi piace tenerla sotto controllo perché non voglio che trapeli, inavvertitamente, innescando inutili litigi. La rabbia secondo me serve da combustibile per farti andare avanti. Per cui lascerò che si accumuli fin quando non prenderà fuoco da sola. Fuori, fuori attraverso la stratosfera. Posso non essere una buona combattente, ma so come darci un taglio.Tu non conosci questo aspetto di me, in realtà; che io possa passare in un attimo dall'amore a un addio, e che sarà finita, davvero finita in un secondo.»

(Lui) «Qualche mese fa ho visto qualcuno che mi sembrava di conoscere nel corridoio di una produzione dove ero di passaggio. Chi è quella, ho pensato perplesso. Alla fine ho riconosciuto Susan, vestita con abiti troppo stretti e alla moda, per non parlare dello smalto viola. Non stava cercando di sembrare giovane, ma non si era resa conto di quanto fosse cambiata. [...]

«Cosa succederebbe se la incontrassi adesso, per la prima volta, a una festa? La guarderei un paio di volte, ma non tre. È probabile che avrei voglia di parlarle. Temendo quelli che non può sedurre, sa essere iperattenta nei confronti di certi uomini, guardandoli con quello che io chiamo lo "sguardo estasiato", finché quei tizi non si chiedono perché lei voglia far leva sulla loro vanità piuttosto che sulla loro intelligenza.»

(Lei) «Ti alzi e vieni a sederti in sala da pranzo, spostandoti pian piano verso la porta d'ingresso. Ti fisso a lungo dal fondo delle scale. Non so cosa dire. Sono paralizzata. Ma voglio anche torturarti. Solo stando lì a guardarti, riesco a trattenerti. [...] Non so se è tutto un calcolo. Credo che tu possieda un istinto infallibile, che tu sappia come trattare le donne, soprattutto il tipo di donna come me. Tu questo l'hai capito. Sai quanto mi disperi per te. Ti ho messo in mano tutte le mie carte e tu le stai giocando, una alla volta.»

(Lui) «Quando me ne vado, voglio che sparisca anche lei. Forse di amore ce n'è poco, ma la gelosia resta. Voglio vivere la mia vita, ma non voglio che lei viva la sua. Quando sarà tutto fatto – e saranno passati, diciamo, diciotto mesi: sicuramente passeranno –

allora potrà anche esserci un altro uomo in questa casa. Potrà mettersi seduto dove sono io adesso. Se i mei figli avranno un incubo andranno da lui. [...] L'uomo li bacerà e sarà lì quando si sveglieranno. Potrà metterli a letto e parlare con loro finché non si addormenteranno. [...] A quel punto, io potrei essere un estraneo, che aspetta in macchina che loro escano di casa. E il mio bambino non ricorderà questa notte. Nessuno di loro ricorderà i suoi genitori insieme. Non ricorderanno niente di questo, e io non lo dimenticherò mai. Lei li conoscerà sempre meglio di quanto li conoscerò io.»

(Lei) «Mi mancherai, ti ho mormorato contro il collo. Mi mancherai così tanto.

«Tu non hai detto niente.

«Che cosa provi per me, ti ho domandato.

«Non lo so.

«Di lì a un momento ti ho chiesto di nuovo:

«Ti rattrista andartene?

«Sono terribilmente triste, hai risposto, e sembravi disperato.»

(Lui) «Sollevo la valigia dal pavimento della stanza da letto. Scendo e apro la porta d'ingresso. Stanco ma determinato, esco. Non piove da settimane. Sta sbocciando tutto. Londra è in fiore; anch'io sono in fiore, nonostante tutto.

«È una giornata deliziosa per andarsene.

«[...] Non posso dire di non aver imparato più in questo luogo di dolore di quanto abbia fatto in qualsiasi altro posto: la formazione di un cuore leggermente crepato, se non a pezzi. Se sopravviverò a questa conoscenza e la metterò a frutto – se qualcuno di noi lo farà mai – è un altro problema.»

(Lei) «Sono entrata nello studio per scrivere mentre tu fai i bagagli. Descrivo le camicie in un mucchio, i libri nei fagotti. A volte mi sento un vampiro, che succhia dalla nostra vita per ricavarne oggetti di scrittura. Le parole sono stigmate che imprimo sul blocco per gli appunti, a testimonianza.

«Così che ne resti un documento.

«Così che la nostra vita insieme non svanisca senza lasciare traccia.»

Un uomo e una donna, destini che s'intrecciano, appartenenti alla stessa specie ma non per questo necessariamente comunicanti che, nel momento estremo e drammatico della separazione, vengono calamitati ai poli opposti della propria appartenenza *biologica*, maschio e femmina, esasperandone le diversità, l'irrimediabile separatezza. Come se, dichiarato finito, almeno da uno dei due, il gioco centripeto della coppia, e con questo anche le dinamiche dell'incontro e del conflitto, smettendo di mischiarsi l'uno con l'altra, si confinassero ognuno nel più stereotipato modello del ruolo sessuale assegnato: l'uomo aguzzino e la donna vittima, quello che va e l'altra che resta. Lui che scalpita, crudele e sfrontato nel nominare i propri desideri di libertà (*«Sì, i miei sentimenti sono forti; i miei desideri sono imposizioni»,* fa dire Kureishi al suo protagonista), e nuovi orizzonti (una nuova donna); mentre lei usa le armi della pazienza e dell'attesa, della comprensione e del trattenimento dolorante e pietoso, occultando una rabbia ritenuta poco "strategica" al suo fine: *«Non so cosa dire. Sono paralizzata. Ma voglio anche torturarti. Solo stando lì a guardarti, riesco a trattenerti»,* pensa Catherine Texier quando oramai sa dell'altra e dell'inevitabile uscita di lui dalla casa comune.

E proprio estremizzando fino a questo punto linguaggi e modelli del maschile da una parte e del femminile dall'altra, i due io narranti ci offrono una spietata, per quanto estrema, radiografia delle diversità. Come se, ammalandosi, le due anime si riconsegnassero ognuna alla propria più autentica e definitiva verità.

Quale straordinaria libertà hanno gli uomini di riconoscere e nominare i propri desideri: «*Sollevo la valigia dal pavimento della stanza da letto. Scendo e apro la porta d'ingresso. Stanco ma determinato, esco. Non piove da settimane. Sta sbocciando tutto. Londra è in fiore; anch'io sono in fiore, nonostante tutto. È una giornata deliziosa per andarsene*». Fino alla spudoratezza infantile e grandiosa di ammettere: «*Voglio vivere la mia vita, ma non voglio che lei viva la sua*».

E quanto è invece ancora forte la necessità per le donne di occultare la propria rabbia, anche quando viene provocata da un'offesa così oggettiva e plateale come un abbandono. Una rabbia che temono in modo ancestrale e istintivo. Un sentimento, uno stato d'animo che, invece, sono da sempre legittimati a provare gli uomini, quasi considerato dalle donne un esclusivo appannaggio maschile. Tanto che la Texier, la tradita, la non più amata, con straordinaria lucidità osserva: «*Se, stando al tuo posto, mi fossi concessa di esprimere tutta la rabbia, come fai tu, mi avresti già buttata fuori*».

Non che le donne non la provino, la rabbia, ma la trasformano, perché hanno il terrore di metterla in scena, temono che, una volta in gioco, e giocando alla pari – il mio furore contro il tuo – l'immediata e logica conseguenza sia la perdita dell'oggetto verso il quale la provano. E allora da guerriere orgogliose si trasformano in vittime, non per questo meno belligeranti, e si fanno più piccole, non urlano lo sdegno, ma piangono il dolore. «*Ti ho messo in mano tutte le mie carte e tu le stai giocando.*» Incapaci di buttare fuori dalle loro vite chi le ha tradite, si fanno richiedenti, trasformano l'orgoglio ferito, che urla vendetta, in autoumiliazione. Invece di affrontare il "nemico", gli si consegnano. E più fanno a pezzi la propria dignità offrendo all'altro lo spettacolo, falso, di generosa comprensione, di superiore intelligenza, più lo odiano, e quanto più *sentono* di odiarlo più gli *dicono* il proprio amore. Tutto purché lui non vada. Tutto purché lui non vada portandosi via quell'ultimo pietoso spettacolo di se stesse. Nell'illusione che se lui resterà riavranno indietro proprio se stesse. Nell'assurda speranza di riguadagnare terreno fino a neutralizzare il "nemico" ed essere loro, infine, a dare il colpo di grazia. «*Sento dentro di me un potere crescente. Una forza che vibra. Un giorno deciderò che è finita e tu ne sarai sorpreso.*» Qualunque cosa, persino la vendetta, ma non l'ignominia dell'abbandono.

Ma il punto è: perché, ancora oggi, donne forti e intelligenti, con un proprio posto nel mondo e una propria autonomia economica, risorse emotive e intellettuali, di fronte all'abbandono vanno in pezzi, preferendo un'oltraggiosa autoumiliazione alla perdita? Perché sentono che insieme all'altro perderebbero anche se stesse? E perché ancora tanta è la paura della solitudine che, come la moglie di *Nell'intimità*, preferiscono «*avere una relazione fallimentare e con una schiena rotta piuttosto che il nulla*»? E perché mai, poi, l'assenza dell'uomo amato, certamente una perdita, un lutto terribile, coinciderebbe con il "niente"? Una spiegazione, in tutta la sua crudele sincerità, la dà proprio Kureishi: «*Dopo la mia partenza ci sarà una devastazione. Una donna sola di mezza età con i bambini a carico non ha grande credito sociale, e Susan è sempre attenta al suo status. Ricco e di successo, una volta ero considerato appetibile. [...] In un certo senso lei è stata fiera di me. Un uomo può dare solennità e splendore a una donna*».

Conosco personalmente più di una donna, e chi di noi non ha almeno un'amica, che è stata lasciata dal proprio compagno, e anche se la trama delle loro storie era meno paradigmatica ed estrema di quelle dei due romanzi, dove c'è di mezzo un tradimento, nonostante fossero in qualche modo più consapevoli dell'epilogo che le loro relazioni avrebbero potuto avere, hanno celato, trattenuto o decisamente occultato la propria rabbia.

In alcuni casi spiegavano questa necessità come un aspetto indispensabile alla propria strategia di riavvicinamento. Altre volte, l'alibi diventavano i figli: «*Se sono troppo dura con lui si allontanerà anche dai bambini*». «*Devo per forza mediare, mostrarmi morbida, altrimenti ne fanno le spese i piccoli.*» L'implicita ammissione di questa paura è che l'uomo è considerato anche lui un figlio, e alla stregua dei figli pericolosamente irresponsabile. Così, l'atteggiamento prudentemente tollerante della donna nei confronti del proprio compagno è identico a quello di certi genitori che ostentano il perdono dell'adolescente che pure l'ha fatta grossa: fuori dal controllo protettivo potrebbe fare una sciocchezza ancora più grande.

Ma in generale, molto più grave della "colpa" dei loro uomini sembra essere per certe donne l'esibizione della propria rabbia come di un sentimento vergognoso. Quasi che l'ostentazione del perdono fosse il prezzo da pagare per ottenere il ritorno del proprio compagno. Nella rabbia si pronunciano parole definitive. La rabbia mette distanze. E le distanze cancellano. Le distanze per molte donne possono essere insopportabili. E allora, distraendosi o dimenticandosi dei sentimenti di dolore e disprezzo, delusione e rancore che pure provano, concentrano tutte le loro energie nell'interpretare con ossessiva attenzione i sentimenti dell'altro. Modulando i propri di conseguenza. In una parola, si annullano nell'attesa di una nuova vicinanza, di un rinnovato riconoscimento di sé. E in questa ossessione dell'altro non fanno che reclamare indietro se stesse, quel pezzo o quel tutto di sé che ancora tante donne sentono morire insieme all'amore di un uomo: vivere per l'altro, vivere grazie all'altro.

Esiste poi un'altra tipologia femminile: donne che pur non essendo state abbandonate, pur vivendo in una relazione che non mostra i prodromi della tragedia, sono ossessionate dalla paura dell'abbandono. E allora, come per sfidare la fatalità tanto temuta, quasi accelerando la sventura, non reggendo più lo strazio dell'attesa, non fanno che provocare l'altro. Perché quello che più di ogni altra cosa temono infine avvenga.

CAPITOLO 12

LA PROFEZIA: «TU MI LASCERAI»

Carla è una donna di quarantadue anni. Ha un figlio di quindici avuto da un uomo con cui ha convissuto per un decennio e dal quale ormai è separata. Da molto tempo ha un nuovo compagno, con il quale ha una relazione tormentata ma anche tanto passionale. Una storia che lei sente di essersi conquistata con grande fatica e dispendio di energie. Come racconta lei stessa, è sempre stata accanto a uomini "importanti", mentre, nonostante le sue capacità intellettuali, ha scelto per sé una dimensione professionale piuttosto anonima di funzionaria ministeriale.

Impulsiva, forte, autoritaria, decisamente volitiva, Carla in amore si sente perseguitata dalla profezia della perdita. In vita sua non ha mai lasciato un uomo. «Mi hanno sempre lasciata loro. Non so perché succede: ma la situazione si mette in un modo tale che io vivo il loro abbandono come una fatalità.»

È però consapevole di quanto sia esigente nel voler mantenere la relazione a un ritmo che soltanto lei sente di essere in grado di seguire, e intanto continua ad alzare la posta. Fino a quando l'altro non ci sta e crolla. L'accusa che le rivolgono gli uomini della sua vita, sempre, prima di andarsene, è che continua a dire "ancora". «Chiedo, e quando quella cosa l'ho ottenuta ne chiedo un'altra. Ed è vero. È così che mi comporto. Ma dal mio punto di vista, non chiedo mai niente di più di quello che sono capace di dare. Perché io non do molto o troppo. Io, semplicemente, mi do.»

Carla ha anche un'altra consapevolezza: qualunque cosa accada, non potrà mai essere lei a lasciare un uomo. Può soffrire, tormentarsi, ma non lasciarli. Anche quando sente di non essere più innamorata, anche quando è evidente che è finita, il suo pensiero fisso è: mi rinnamorerò. Che diventa un'ossessione nella quale l'altro non ha più posto. Solo lei potrà salvare il rapporto. E quando sembra aver ritrovato i propri sentimenti perduti, quando sente di poter riassaporare l'amore, viene lasciata. Ogni volta si chiede: «Perché non l'ho fatto io? Perché non li ho anticipati? Non ne ho il coraggio. Sono schiacciata dai sensi di colpa».

Lascia fare agli uomini quello che in realtà è lei a desiderare? Vuole che il rapporto finisca e dà al suo uomo il mandato di compiere il gesto finale? Non ha risposte. Ma quando la fatalità infine si realizza, sente che è accaduto qualcosa che in realtà lei ha sempre temuto e anche atteso come inevitabile. Come fosse il suo stesso destino. Che naturalmente è lei a manovrare. Ed è conscia della propria ambivalenza: «Mi guardo, come sdoppiata, mentre faccio la richiesta. L'ennesima. So che è sbagliata, so che forse sarà quella che spezzerà alla fine la corda già troppo tirata, ma non posso fare a meno di pronunciarla. Sono in analisi da anni e questo è il tema centrale della mia terapia: cosa voglio in realtà quando chiedo? Nel momento in cui rivolgo la domanda mi sento molto esigente, ma paradossalmente, dal momento che ottengo quello che ho chiesto non mi interessa più, sarei portata a pensare che chiedo per infinita insicurezza. Che cerco conferme più che risposte».

Carla sembra vittima di un meccanismo infernale: è condannata a una domanda inesauribile, dunque nessuna delle risposte che riceve sembra poterla appagare. Sa che l'ennesima richiesta le costerà la perdita dell'uomo amato, eppure non riesce a esimersi dal pronunciarla. È di fatto chiusa in una trappola nella quale il movimento della domanda coincide fatalmente con il progressivo allontanamento dell'interlocutore a cui è rivolta.

Carla è la prima di tre figlie femmine che, a suo avviso, il padre non ha mai accettato, avendo sempre desiderato invece un figlio maschio che non è arrivato. E proprio su di lei, la primogenita, crede che lui nutrisse l'attesa più forte. Oggi, Carla di sé dice: «Io sono un maschio». Poi si corregge: «Anzi sono nata femmina, ma dovevo essere un maschio, e un maschio mi sento. In realtà io disprezzo gli uomini, profondamente, mio padre per primo, e quello che penso di loro è che sono molto più brava. Che gliela farò vedere».

Carla descrive i suoi genitori come una coppia straordinariamente unita, un modello irraggiungibile. Il padre è un uomo politico completamente assente dalla scena familiare, e certamente distratto. La madre è una donna di grande personalità, a cui peraltro lei sente di somigliare molto: si occupa di tutto, dall'educazione delle figlie alla casa, dagli aspetti finanziari alla socialità. Pur essendo lei il vero uomo di casa, fa vivere le sue figlie nel mito del padre, evocandolo continuamente nelle situazioni difficili: quando minaccia una punizione e ogni volta che sente di dover far ricorso a un'autorità superiore alla sua. Che nella realtà non esiste. E tanto è grande il fantasma di quest'uomo quanto nella realtà la sua presenza resta invisibile.

Carla ricorda di essere stata perennemente frustrata: dalle esigenze materne e dall'assenza paterna. «Se portavo un bel voto a casa, mettiamo un dieci meno, mia madre non mi rivolgeva mai un complimento, si limitava a domandarmi perché non avessi ottenuto un dieci pieno. Credo che lei abbia riversato su di me molte delle sue ambizioni non realizzate, così mi chiedeva sempre il massimo, ma nello stesso tempo mi sembrava di non riuscire mai a soddisfarla appieno.»

Ormai adolescente assiste, rabbiosa e ferita, all'instaurarsi di un rapporto, questa volta sì veramente filiale, tra il padre e un ragazzo suo coetaneo, Francesco, figlio di amici di famiglia. A lui sono riservate attenzioni e premure, sguardi di orgoglio e tenerezze di gesti che Carla non ha mai avuto per sé. Francesco è già avviato a una precoce e promettente carriera politica, è ambizioso, intraprendente. Sarà il primo ragazzo di Carla, la sua prima storia d'amore. E come tutti gli altri che verranno, come per il padre di suo figlio e per il suo compagno attuale, il loro mestiere sarà quello della politica, lo stesso mestiere del padre. Per sé Carla sceglie di abitare stanze attigue a quelle del potere, di restare comunque nelle retrovie. Si potrebbe dire nell'ombra.

Il filo rosso che lega tutti i suoi uomini è che sono uomini "importanti". Carla sostiene di non poter stare con uno qualunque. Con affetto, e lusingando il suo orgoglio, le amiche le dicono che li ha promossi tutti. In un certo modo è vero: hanno fatto carriere straordinarie. Lei se lo spiega dicendo che deve poter giudicare chi la circonda, non solo gli uomini, migliore di sé. «E non credo di entrare in competizione, piuttosto mi ci specchio, in qualche modo oscuro gli dico di andare avanti lui, mentre io mi scanso. Però, proprio perché vanno al posto mio devono andare benissimo, altrimenti non mi interessano.»

Carla sembra poter vivere l'aspetto della dimensione pubblica solo per interposta persona. La gratificazione, in quel senso, dice di averla dal suo uomo. «E non è una questione di status, perché sono orgogliosissima e non voglio fare la consorte. Insomma se fossi la moglie del presidente della Repubblica non sarei mai la signora Ciampi, sceglierei di fare la Carla Voltolina, la moglie di Sandro Pertini, autonoma e gelosa della propria vita.»

Dunque, Carla sostiene di non entrare in competizione con il successo del proprio compagno. Anzi, sembrerebbe dargli un mandato pieno per vivere al suo posto ciò che a lei è vietato. Questo non vuol dire che non cerchi il riconoscimento. Ma lo insegue prendendo su di sé, come già faceva sua madre, tutti gli aspetti pratici della quotidianità. Il padre, però, ha sempre molto apprezzato questa funzione "maschile" della moglie, di cui è profondamente innamorato, e dalla quale è sempre rimasto dipendente. Carla, invece, sembra destinata su questo terreno a subire uno smacco terribile.

«So di essere una persona pratica, so di saper organizzare e quindi organizzo. Se qualcuno lo fa per me, mi sento in difetto. Aldo, il mio compagno, però, non solo lascia che sia io a occuparmi di tutto, ma non me lo riconosce neppure. Mi fa sentire continuamente inadeguata. Invece io ho un disperato bisogno di riconoscimento. Posso caricarmi un palazzo e mettermelo sulle spalle, però alla fine devo sentirmi dire brava. Se non succede, cado per terra con tutto il palazzo. Basta che mi dici brava e mi hai ripagata. Come per un buon voto: se non lo ottengo mi mortifico. E lui mi mortifica. Sa che non aspetto altro che il suo riconoscimento e invece mi accusa di non essere mai all'altezza. Sa che così mi distrugge.»

È come se Carla si sentisse obbligata, e paradossalmente proprio vestendo gli abiti materni, a fare la parte del maschio per essere amata. Ma se non ci riesce neppure facendo l'uomo, allora va in pezzi. Ed è un uomo che deve riconoscerla. Ma chi deve riconoscere in lei: l'uomo o la donna?

Carla sembra comunque costretta a chiedere quello che non ha: ciò che manca diventa oggetto di un desiderio ossessivo e tormentoso. Per poi perdere, quando lo ottiene, qualunque significato.

«Quando vivevo con il padre di mio figlio non facevo che pensare di volermi disperatamente sposare, mentre lui era contrario al matrimonio: che è diventato un tema di conflitto fortissimo nei dieci anni della nostra convivenza. A un certo punto, me lo ha chiesto. E improvvisamente, quello che fino a quel momento mi sembrava un rifiuto insostenibile, un affronto, una mancanza, non aveva più per me nessuna importanza. "Che bisogno c'è?", gli ho detto. Pochi mesi dopo se n'è andato. La stessa cosa è successa con Aldo, il mio compagno. Solo che a lui il matrimonio non l'ho chiesto. Mi sono limitata a desiderarlo. E anche lui, inaspettatamente, mi ha chiesto di sposarlo. Non gli ho detto ancora un no definitivo, temporeggio. Ma finalmente ho capito che non ne ho alcun bisogno. E dire che ho passato la vita pensando di non riuscire a ottenere quello che più volevo.»

Ma torniamo al tema dell'abbandono. Aldo, che ancora oggi è il compagno di Carla, dopo tre anni dall'inizio della loro storia va via. È stanco delle sue continue richieste e della sua gelosia. Ma questa volta sembra mettere in scena la fatalità tanto temuta da Carla solo allo scopo di punirla. Non vuole dare spiegazioni di quello che fa, nonostante le richieste di chiarimento di lei, si rifiuta a muso duro di darle accesso alla parola. Ma a suo modo mantiene aperto con lei un discorso. La cerca, sottraendosi se poi è lei a cercarlo, continua a occuparsi economicamente della casa comune, si preoccupa del figlio di lei come un padre costretto a star via solo per un periodo limitato di tempo. Allontanandosi, le sta imponendo le sue condizioni. Detta nuove regole del gioco e diversi equilibri di potere. La posta ora è lui, sta a Carla meritarselo. Di fatto continua a stare con lei, tranne che le ha rifiutato la convivenza. Per la storia di questa donna, rispetto agli altri definitivi abbandoni della sua vita, la distanza che mette

Aldo tra loro è un passo avanti. Ma è comunque sale gettato su una ferita profondissima, che le brucia, e la fa urlare di rabbia. Che però questa volta non può permettersi di esprimere. «Io vivo rabbiosa contro il mondo, da quando sono nata», ammette Carla apertamente.

«Non tolleravo le sue partenze. Gli ho fatto la guerra per anni: comizi, campagne elettorali, impegni di partito, ogni volta che doveva andare trovavo un pretesto per la rissa. Lo provocavo, lo sfinivo. Ero assolutamente consapevole che un uomo che fa politica a casa c'è poco, che deve viaggiare, però lui doveva stare con me, non doveva andar via. Da quando siamo tornati insieme non è più così, ma già allora, quando se n'è andato, cominciavo a cambiare. Sapevo di aver sbagliato, ero disposta ad accettare le sue ragioni, però volevo che lui ascoltasse le mie. Ne avevo. La sua disconferma continua. Il suo perenne mettermi da parte. Se io ero insicura, lui non faceva che acuire con crudeltà la mia insicurezza. Era un gioco perverso, il nostro. Quando se n'è andato mi ha di fatto tolto la parola. Era come se il suo sguardo minacciasse: "Stai zitta, se vuoi che ci sia una possibilità che io torni". In quel periodo ero pazza di rabbia, ma anche paralizzata dalla paura.»

Dopo un anno Aldo torna. La profezia tanto temuta si è palesata senza realizzarsi del tutto. Quell'antico meccanismo di domanda e frustrazione sembra appartenere al passato, ma finito quel congegno, lei cade in una spaventosa depressione. Neanche il ritorno di lui è riuscito a rassicurarla. Anzi. «Tutta quella umiliazione, la mortificazione, la rabbia le ho rivolte contro di me. Mi sono indebolita strada facendo, come se per riaverlo avessi dovuto convincermi che dipendesse solo da me, che fosse colpa di una mia inadeguatezza.»

E l'aggressività si è trasformata in depressione. Non solo incredibilmente Carla continua ad aspettarsi che lui la lasci, ma addirittura ha ricominciato a sfidare questa fatalità. E ora, sfilatosi lui dal gioco della richiesta, avendo lei smesso di chiedere, non le resta che mettere in scena strategie autodistruttive.

« Visceralmente sento che se Aldo se ne andasse farebbe la metà di quello che è giusto. Perché sono vecchia, sono grassa, non mi sento più desiderabile. E più questa paura mi tormenta più mangio. Più mangio più mi sento uno schifo. Mangio e ingrasso. Mi sto uccidendo. » Carla, che quando era presa dalla riconquista del suo uomo, si dedicava moltissime attenzioni dando di sé un'immagine di grande seduttività, proprio quando Aldo torna comincia a lasciarsi andare: si colpisce nel corpo, smette di andare in palestra, di truccarsi, di andare dal parrucchiere. È preda della bulimia. Anche lavarsi al mattino ora è diventato per lei uno sforzo sovraumano. Dice che non si sente all'altezza dell'amore di lui. E più sente di non meritarlo, più si sottrae al suo desiderio, rendendo "brutto" il proprio corpo. Così, può dire: « Non sono adeguata, non corrispondo, non sono come lui mi vorrebbe ».

Verrebbe il sospetto che Carla avrebbe preferito il realizzarsi della profezia alla sua smentita. Lei invece non ha dubbi. Dice di aver finalmente quello che desiderava: la famiglia, la sintesi perfetta degli affetti, il figlio e il suo compagno l'uno accanto all'altro. Finalmente insieme. « Ma ho sofferto come un cane per ottenerlo: è come se avendo finalmente avuto quello che desideravo mi fosse caduta addosso tutta la fatica che mi è costata conquistarlo. Forse il prezzo per averlo è stato troppo alto. Forse è arrivato tardi. Non lo so. O, forse, tragicamente, sto alzando ancora una volta la posta. Sfido fino all'estremo la mia richiesta di amore: mi pongo oltre ogni limite di desiderabilità perché il suo desiderio mi raggiunga persino lì. Non lo so. Certo, mi sto facendo del male. Quello che ho scoperto con l'analisi è che avendo esaurito tutta la mia rabbia nei confronti del mondo, ora non mi resta che dirigerla verso me stessa. Così ho raggiunto questo spaventoso stato di depressione.»

Carla ricorda anche la beffa estrema del suo destino: non solo si sente un maschio, ma questa sua identità è anche tragicamente imprigionata in un bellissimo corpo di femmina. Morbida, formosa, carnagione olivastra e capelli corvini, Carla è stata precocemente la bella della famiglia, e altrettanto presto, suo malgrado, è diventata oggetto del desiderio maschile. E da quando era solo una bambina si sente perseguitata da un commento che anche in questo caso ha il volto arcigno della minaccia: «Quanto è carina. Speriamo che non diventi altrettanto cretina».

È come se Carla si fosse rifugiata nell'estrema figura del paradosso dove il niente si incontra, fino a confondersi, con il tutto. Se non posso essere un maschio, ma neppure una femmina, allora sarò entrambi, sembra dirsi questa donna, quasi in un delirio di onnipotenza. Se il massimo dei miei sforzi coinciderà sempre con l'assenza dell'approvazione, allora farò il massimo, e al massimo aggiungerò un ancora, che, però, come abbiamo visto, rischia di diventare niente, perché l'altro, non reggendo questo ritmo, si eclissa. E l'abbandona.

In questa cornice s'inserisce la rabbia di Carla. La rabbia per non riuscire mai a ottenere il riconoscimento che le spetta. Fino ad arrivare, almeno apparentemente, a non chiederlo più per sé, ma a viverlo per conto terzi. «Sono fiera che la mia migliore amica sia una donna molto intelligente, non simpatica o buona, ma proprio soltanto intelligente. Sono contenta che Aldo sia un uomo politico molto stimato e affermato. Perché se quella donna tanto intelligente è una mia amica, e Aldo, che è una persona così realizzata, è il mio uomo, vuol dire che ho valore anch'io.»

Carla si nega qualunque ambizione propria, sostiene invece di avere una necessità di riconoscimento solo per sopravvivere. Ma ritiene, questo sì, di non essere mai stata apprezzata per quello che vale. E in qualche modo la spaventa che questo destino la insegua. Oscilla allora tra la rabbia di avere nel suo compagno un detrattore e nel figlio di nuovo un uomo che sembra non mostrare mai nessuna riconoscenza, e il sentimento onnipotente che la porta ad addossare su di sé ogni colpa e mancanza. Oscilla tra il dolore irato: « Nessuno riconosce il mio valore », e l'autocommiserazione depressiva: « Io in realtà non valgo niente ».

Si compirà infine, anche questa volta, la fatalità dell'abbandono? Aldo se ne andrà? Carla non riesce a sottrarsi a questa sfida. Oggi, privata del sostegno della rabbia, sembra vivere con la sua depressione una sorta di lutto, come se stesse per sempre separandosi da una parte di sé e anche da un destino. Ma fa riflettere il fatto che avendo indossato la maschera più estrema di una femminilità sottomessa per avere in cambio il ritorno del suo uomo e il suo amore, poi stia dando guerra al suo corpo di donna, deformandolo e negandogli ogni cura.

Certo è che del suo rapporto dice: « Sono salva, ho finalmente una famiglia ed è tutto ciò che volevo », mentre per sé sceglie altre parole: « Mi sto uccidendo ». E ancora una volta i due estremi si toccano, vita e morte finiscono per coincidere. Come se per vivere, per sentirsi salvata dall'amore, dovesse poi uccidere una parte di sé.

CAPITOLO 13

NOSTALGIA DI UNO SGUARDO

> *La seduzione degli occhi. La più immediata, la più pura. Quella che lascia perdere le parole, solo gli sguardi si impegnano in una specie di duello, di stretta immediata, all'insaputa degli altri e del loro discorso: fascino discreto di un orgasmo immobile e silenzioso. Caduta d'intensità quando la tensione degli sguardi si scioglie poi in parole, o in gesti d'amore. Tattilità degli sguardi in cui si riassume tutta la sostanza virtuale del corpo (del loro desiderio?) in un istante sottile come un motto di spirito – duello voluttuoso e sensuale, e allo stesso tempo disincarnato – modello perfetto della vertigine della seduzione, e che nessuna voluttà carnale eguaglierà più in seguito.*
>
> Jean Baudrillard, *Della seduzione*

Sono stata giovane, ho cominciato a sentirmi una donna, nella prima metà degli anni Settanta, in una città del Sud. Dello sguardo cupamente predatorio degli uomini il mio corpo conserva ancora un vago ricordo: ormai invisibile ustione di un fuoco che ha solo lambito la pelle, ma che avrebbe potuto divampare, bruciando senza pietà. Occhi di maschi intimidatori che lanciavano messaggi di sfida, e di avvertimento. Si cresceva, allora, anche così, imparando presto a temerli, a scansarli. Il rischio delle conseguenze era una possibilità sempre presente: nella strada di notte ero straniera e clandestina, sapevo di occupare un territorio vietato. E mi regolavo di conseguenza. Poi è scoppiato il femminismo: quello sguardo che non avrei mai potuto ricambiare dalla stessa posizione, ma solo subire o evitare, l'ho combattuto. E gli ho voltato le spalle.

L'inizio di un nuovo secolo mi ritrova adulta in una città del Nord, dove ormai comincio a invecchiare. In questo luogo (in questo tempo?) privo di eros, senza nessuna tattilità, dove niente è allusivo. O incorporeo. Dove vale solo il reale e il tangibile. Il concreto. Dove tutto si scambia, ma niente circola, neppure le emozioni; sarebbe uno spreco di movimento e invece niente deve andare perduto. Anche la bellezza si esibisce. Ridotta a corpo. Una superficie dura. Reclama per sé sguardi certi di constatazione, troppo evidente per solleticare curiosità.

La seduzione, al contrario, è gioco di sprechi, di tempo innanzitutto. E qui di tempo non ce n'è più; né per gli uomini, né per le donne, e ormai il tempo, i tempi, sono i medesimi. Resta la necessità d'incontrarsi. Certamente un'urgenza. Del desiderio non saprei dire. Esistono luoghi apposta per questo. Luoghi dove si *producono* incontri tra donne e uomini. Dove sguardi privi di indulgenza si posano sull'altro per sceglierlo, sguardi che veloci riconoscono status e mestiere, reddito e disponibilità. Sguardi senza stupore, sguardi appena nati e già privi di domande, incapaci di curiosità, in cerca solo di conferme. Allenati a vedere solo quello che gli si mostra. Veloci.

E di nuovo li ritrovo aggressivi. Non di quell'aggressività che poteva fare dell'uomo un nemico brutale. Aggressivi di giudizio: ancora occhi di maschio che soppesano senza ammirazione. Nuovi occhi di donna che soppesano anche loro, privi di incanto.

Eppure, in questa città che non chiede appartenenze, per

qualche tempo mi sono sentita libera: non esistevano più luoghi vietati, orari inopportuni, strade proibite. Avevo finalmente i documenti in regola e pari diritti per calpestare suoli e inoltrarmi in territori senza barriere di sesso. Ora sì che avrei potuto ricambiare lo sguardo o sottrarmi, giocare a una sfida senza paura, reciproca. Ma non c'era più niente da ricambiare, niente a cui sottrarsi. Gli sguardi si erano spenti. Almeno su di me. *Ero libera sì, ma anche invisibile.* E non vista ho cominciato a guardare, e quello che vedevo non mi piaceva. Non mi piace più. Donne sempre più uguali agli uomini. Belle di una bellezza senza luce né energia, che non è più emanazione di sé. Non più segreta, non più regale. Guardo coppie sedute nei bar, le immagino appartarsi nella penombra di quei locali dove si va quando si è soli e si è deciso di non esserlo più, almeno per quella notte. Donne e uomini con lo *stesso punto di vista*: sguardi pubblicitari che puntano alla conquista. Senza pazienza d'attesa, né voglia di vedere oltre quello che l'altro sta mostrando.

Avevo bisogno di rifare a ritroso il mio percorso. Per ricordare quello che avevo lasciato. E anche perduto. Vent'anni dopo sono tornata nell'isola dell'infanzia e dell'adolescenza, dove ho trascorso quel tempo della vita in cui tutto è ancora possibile perché niente di veramente definitivo ci è ancora successo, in cui ciascuno di noi è solo un'ipotesi: già se stesso, ma confuso in una folla di altri sé che poi, lungo la strada, si allontanano.

Tornavo. E tutto era una sorpresa quell'estate: la luce abbagliante e l'odore indecente degli oleandri e del gelsomino, l'azzurro del cielo e il cobalto del mare, e poi gli uomini e le donne che non avevo visto per un tempo nel quale una generazione è già altra rispetto alla propria. E ho ritrovato in quel Sud nelle cui strade mi ero sentita straniera, di cui ricordavo solo la protervia di anonimi sguardi maschili, qualcosa che non avevo fatto in tempo a conoscere e di cui avvertivo una nostalgia senza nome.

Ritrovavo finalmente quello sguardo perduto. Quel gioco degli occhi senza scopo, un vento di complimenti che non osano farsi parola, quell'omaggio maschile che è la cerimonia del corteggiamento. Gratuito. Che si sa senza posta finale e proprio per questo indugia nel gioco, con la lenta sensualità che hanno solo i piaceri fini a se stessi. Energia dell'eros. Occhi che s'incontrano nella promessa di un *dopo* eternamente differito, o come inviti che poi sta a te ricambiare o incoraggiare. Puoi sottrarti o solo trattenerteli addosso come pagliuzze dorate, frammenti invisibili di desiderio, e andare fiera e orgogliosa come una regina dispensatrice di sensuale grazia. Tutto quegli occhi possono chiederti. Tutto ti è possibile rifiutare.

Su quell'isola, vent'anni dopo, parlavamo di questo con Giuliana, un'amica che come me, e alla stessa distanza di tempo, tornava da dov'era partita. Lei mi parlava dello sguardo obliquo: quello «che riesce a non essere mai diretto eppure a farsi sentire». Secondo lei è così che guardano a New York, ed è così che New York, dove ormai lei vive, si fa guardare. Io le descrivevo lo sguardo spento della mia città del Nord, della sensazione di libertà e, tuttavia, di invisibilità che mi restituiva.

Era la prima volta che nominavo quei pensieri sulla difficoltà di sentirsi esistere in assenza di sguardi maschili. Mi vergognavo anche. Provavo il bisogno di confessare e di puntualizzare. Ma Giuliana m'intendeva senza chiedere spiegazioni. È una donna grande e morbida. Solida. Lei insegna ad Harvard: provava a paragonare la città dove ora vivo con Boston. «Una città soffocante. Riesco a stare lì solo tre giorni alla settimana, per lavorare, in apnea, poi devo scappare a New York. A Boston l'unico sguardo che ci si scambia serve a riconoscersi: lì anch'io ho la tua stessa sensazione di essere cancellata come soggetto erotico. Perché la sensualità è bandita, come qualunque altra emozione. Il risultato è una mimesi perfetta: bisogna essere uguali per nascondere. La ricchezza, per esempio. Ma anche le differenze, qualunque differenza. »

La vacanza di Giuliana si protraeva di settimana in settimana: non avrebbe più voluto andar via. E neppure io. C'eravamo confessate di sentirci entrambe più belle. Riscaldate da una luce di desiderio che però non ci spossessava, non ci impauriva. E ci seguiva come uno strascico che faceva diverso il nostro modo di camminare, di incedere. Di sera, prima di uscire, avevo ricominciato a vestirmi con cura, preparandomi alla messa in scena di una femminilità che sa di essere guardata, di nuovo consapevole del proprio potere.

In quell'estate mi scoprivo a compiacermi del baciamano di un vecchio amico che, qualunque fosse stato il mio aspetto, questo lo sapevo, non avrebbe mai rinunciato a quell'omaggio dovuto al mio sesso. O dello sguardo liquido e profondo di uno sconosciuto che non avrei più rivisto. Persino dei vicini di casa, decisamente avanti con gli anni, in quelle serate flirtavano entrambi: il corteggiamento era parte della socialità, giocoso, allusivo, un piacere circolare e circolante. Come un'energia. Come una luce.

L'abbiamo persa per sempre? Dovevamo? Perché questo sguardo di desiderio e di promessa che tanto mi piace nella sua gratuità, *per il suo spreco*, per il suo essere tributo maschile a una femminilità regale e sovrana, non è forse la faccia mondana di quell'altro sguardo, inquisitivo e intimidatorio, che mi vietava la strada e mi rendeva clandestina nel territorio? Combattendo questo non ne discende che devo rinunciare a quell'altro? E così tornare nel buio della mia libertà di invisibile?

Ce lo chiedevamo un pomeriggio, al tramonto, con Giuliana e altre donne, sedute sulla terrazza bianca di Sara, un'amica fotografa. Era rimasta a lungo in silenzio. Poi ci aveva invitate a seguirla nel suo studio. Ci aveva mostrato uno dei suoi ultimi lavori. Bianco e nero, accostamento di due foto: occhi d'uomo, liquidi, indagatori, disponibili; accanto, l'immagine di una statuetta di bronzo: una donna con le braccia spalancate sul mondo, come a volerlo accogliere tutto. Ma il volto resta reclinato all'indietro, sfugge per intero alla vista.

«Lo sguardo di lui potrebbe arrivare alla verità di lei. Ci vuole silenzio per coglierla. È fatta di misteri e di strati, ha bisogno di tempo. Solo occhi attenti e pazienti possono inoltrarsi tra i tanti veli che separano una donna dalla realtà.»

Eravamo rimaste a lungo in silenzio davanti al suo lavoro. Ci giungeva come una risposta indiretta alle nostre domande. E aveva il sapore triste della nostalgia.

Con noi c'era anche un'amica madrilena, anche lei in vacanza sull'isola vicina alla città dove io e Giuliana eravamo nate e dove lei aveva a lungo lavorato e vissuto, e che non aveva mai smesso di rimpiangere. Pepa evidentemente seguiva il filo trasparente dei nostri pensieri.

«Le spagnole duellano con gli occhi. Sono sempre state guardone. Ma ai tempi di mia madre la fame degli occhi dovevamo contenerla dentro regole certe di pudore. Invece l'anno scorso, mentre passeggiavo con un amico italiano per le strade di Madrid, lui mi dice: "Ma voi fate paura. Mangiate con gli sguardi". Sì, è vero, siamo sfacciate: dirette, occhi curiosi, ficcanti, che non rinunciano a nessuna richiesta. Guardiamo come gli uomini. Dovremmo compiacercene. E potremmo farlo se avessimo conquistato la reciprocità. Ma sapete qual è il paradosso? Che al gioco della seduzione non siamo più in due a giocare. Perché gli occhi dei nostri uomini non sanno più rivolgerci nessuna promessa. Direi piuttosto che chiedono. Chiedono un riparo alla loro solitudine. Forse, la sensualità sta scomparendo. Dagli occhi, dai corpi: dai nostri e dai loro.»

La luce del tramonto si era impennata in un rosso abbagliante e poi era scivolata lentamente nell'oscurità tenue della sera estiva. E così la nostra discussione: era salita vertiginosamente nei toni e un attimo dopo stava già disperdendosi in mille rivoli di parole colanti, che si dileguavano stanche.

Un anno dopo quella vacanza, ero andata per il mio giornale a intervistare Ferdinando Scianna. Era di nuovo estate. Mi aveva ricevuto nel suo studio: la prima volta che l'ho visto stava appoggiato sulla soglia della porta, con le braccia incrociate, la smorfia di un sorriso ironico e indulgente stampata sulla faccia. È un uomo scuro di pelle e chiarissimo d'occhi, per quel meticciato di caratteri che hanno lasciato i normanni invadendo la Sicilia. Pur non conoscendolo di persona, seguivo da anni il suo lavoro: Scianna è un grandissimo fotografo. Di guerra e di moda. Un uomo che guarda le donne. Per mestiere e per passione. Nessuno meglio di lui poteva rispondere al tema della mia inchiesta: "Incontrarsi con gli occhi". A New York e a Palermo, a Londra e a Calcutta, a Parigi, Milano, Madrid.

«Com'è che si dà una donna al suo sguardo, oggi?»

Stava seduto esattamente di fronte a me, ci separava un tavolo ingombro di foto, bianco e nero soprattutto. Ne aveva studiata una a lungo, e poi, continuando a guardarla, aveva cominciato a rispondermi.

«Voi avete vissuto l'avventura capitale di questo secolo. Per affermarvi avete dovuto distruggere molto. E lo capisco. Avevate ragione voi. Adesso vorreste raccogliere i cocci perché vi pare che non tutto meritasse di andare distrutto. Accomodatevi. La verità è che siamo tutti in disarmo, uomini e donne. Forse, la cosa che desideriamo di più, noi e voi, è desiderare. Ma il desiderio, il mio, di maschio, per accendersi ha bisogno di mistero. E il mistero, una volta, quando ero giovane, diciamo trent'anni fa, riguardava tutte le donne, qualunque donna. Avevamo fame allora, davvero. Oggi al massimo avvertiamo un leggero appetito. Per rispondere alla sua domanda: voi donne ormai vi rappresentate per darvi al più complesso palcoscenico del mondo, non più esclusivamente per gli uomini. Se una donna stasera mi dice di no, è perché non ne ha voglia, non perché non può. Non siete più irraggiungibili. Ed è così che vi date al nostro sguardo. Perché vi sorprendete se poi questo sguardo non è più lo stesso?»

Perché non si può essere soggetto, ma solo oggetto di desiderio? E perché l'unico potere di fascinazione che mi riconosci è quello che potevo esercitare dall'esclusione di un'apartheid? Vuoi dire che provo una nostalgia struggente per un gioco che può essere solo asimmetrico? Di uno sguardo che nella reciprocità è condannato a spegnersi? E perché il mistero dovrebbe coincidere con un divieto? Riguarda me o la mia interdizione a essere toccata?

Dovevo aver pensato a voce alta, perché il mio interlocutore mi aveva sentita. E mi stava rispondendo: «Le parlavo di un tempo nel quale uomini e donne non potevano comunicare. Se non con gli occhi: quello era l'unico linguaggio a disposizione e il suo potere era enorme. Era un linguaggio complesso, con le sue regole e le sue eccezioni. Bisognava imparare a usarlo come a decifrarlo. Se è quello sguardo che rimpiange, allora le dico che non lo rivedrà mai più. Volete la libertà del reale o il potere del simbolico? Dovete scegliere. Perché in qualunque paese islamico, dove le donne sono solo occhi, nonostante neppure un centimetro della loro pelle sia visibile, sono infinitamente più desiderate, bramate, ammirate di qualunque donna europea libera di andare in giro svestita».

Se mi chiedi di scegliere, scelgo, e non ho neppure il sussulto di un dubbio. Non voglio soffocare dentro veli di proibizione e segregazione. Voglio semmai metri inutili di stoffe preziose e colorate. Per adornarmi e ammantarmi. Per restare nel privilegio e nella dannazione di una bellezza condannata a sfiorire e morire e che proprio per questo conosce tutti i segreti dei profumi e degli unguenti, di creme e polveri e rossetti per dare spettacolo di sé. Per durare più a lungo possibile. E da quell'altezza darsi agli occhi e prendere negli occhi il desiderio.

Gli avevo rinnovato la domanda: « Perché non è possibile suscitare emozione in assenza di proibizione? ».

Non avevo avuto risposte. Almeno non definitive.

Prima di lasciarci ci eravamo ritrovati a parlare, come risultato di strane coincidenze, dell'isola della mia giovinezza e della precedente estate. L'aveva amato anche lui quello scoglio « che è stato uguale a se stesso per millenni e che tra pochi anni sarà solo passato. Scempiato. Distrutto ».

Poi, quando stavo per andare, il fotografo mi si era avvicinato, e nel salutarmi mi aveva sussurrato: « Io ancora mi volto per strada. A guardarvi, intendo. Ma con il passare degli anni il mio sguardo si carica di inquietudine, di paura del ridicolo. Presto, forse, anche di disperazione. Tutto questo vi appartiene. Perché se tra la mia giovinezza e la maturità di oggi non ci fosse stata la vostra rivolta, se non vi foste sottratte alle proibizioni feroci che sono poi la sorgente della mia fascinazione, il mio sarebbe lo sguardo stolido e protervio di un vecchio che non conosce né la propria finitezza né il proprio limite. E di questo vi sono grato ».

« Forse, quello sguardo ha lo stesso destino della mia isola. Saremo soli a rimpiangerlo. Non le nostre figlie, non i nostri figli », gli avevo risposto di rimando. « Come il desiderio di desiderare. Come il desiderio di essere desiderate. Perché si può rimpiangere solo quello che abbiamo conosciuto. E poi perso per sempre. »

CAPITOLO 14

DOVE STA OGGI UNA DONNA?

E le donne direttori di giornali? Ce ne sono ancora molto poche. «Per fortuna. È un lavoro ignobile.»
Da un'intervista a Natalia Aspesi

Così le mie radici aeree affondano nei barattoli, nei liquori, nelle piante del terrazzo, nei maglioni e nelle coperte con i quali vorrei irretire il mondo, nel freezer: perché nella mia vita costruita a tessere mal tagliate (come quella di tutti, e più delle donne) la casalinghitudine è anche *un angolino caldo. Un angolino da modificare ogni momento, se fosse fisso sarebbe morire, le ricette solo una base per costruire ogni volta sapori nuovi, combinazioni diverse. Reinventare unico sconfinamento possibile, reinventare per non rimasticare, reinventare per non mangiarsi il cuore.*
Clara Sereni, *Casalinghitudine*

Mi sono svegliata come al solito in ritardo rispetto alla mia tabella di marcia ideale – a che ora dovrei puntare la sveglia per sentirmi a posto? Alle sei? Alle sette, al massimo? – e dunque anche oggi mi punirò dedicandomi qualche attenzione in meno tra quelle di cui una donna di quarant'anni sente ormai di avere bisogno. Una donna della mia età al mattino sente innanzitutto il bisogno di avere un'altra età. Poi, può scegliere se dedicarsi alla sua faccia: in questo caso le cure minime prevedono latte detergente, tonico e un risciacquo con acqua appena tiepida, un buon idratante e la crema per il contorno occhi prima di passare al trucco. Oppure darsi da fare intorno alla prevenzione e/o contenimento dei primi danni del tempo sul proprio corpo. E allora l'elenco è desolatamente lungo: ci sarebbe il gel per tonificare il seno, la crema rassodante per la pancia, quella anticellulite per le gambe, la crema idratante dopo doccia... Si potrebbe continuare all'infinito. In verità non farebbe male neppure un po' di ginnastica, giusto qualche esercizio per gli addominali. E perché non una mezz'ora di meditazione? Non ricordo più se fa meglio ai muscoli facciali o a un buon equilibrio della mente. Ma ormai nel supermercato del benessere è diventato difficile distinguere l'anima dal lifting. Oggi dalle donne si pretenderebbe che passassero il loro tempo ad arginare i guasti del tempo. E io di tempo non ne ho. Almeno non per me.

Trangugio in fretta il caffè guardandomi intorno. Faccio un elenco mentale delle cose da comprare: un'ispezione veloce del frigorifero, poi passo a fare la lista della spesa. C'è anche da pensare a che cosa si mangerà a pranzo (io non ci sarò) e poi a cena (allora sarò rientrata, ma devo aver previsto che cosa cucinare). Mi resta da scrivere un biglietto per la donna delle pulizie: la incrocio quasi sempre al mattino, ma è meglio appuntarmi quello che voglio dirle altrimenti lo dimentico. Mi sono liberata dai servizi più pesanti: lavoro fuori casa, è un mio diritto, mi dico; ma non di quell'invischiante, confuso e perenne *pensiero domestico* che mischia affetti e doveri, nevrosi e obblighi reali. Manca l'olio e l'ammorbidente, il detersivo per la lavastoviglie, le buste di plastica per conservare i golf di lana, un sapone fisiologico per il bambino e un deodorante per la scarpiera. Ma avrò ricordato tutto? Come si fa a ricordare tutto? Intanto, in questa mezz'ora frenetica, che è una sorta di parodia accelerata dell'intera giornata della casalinga di una volta, mi fa da colonna sonora la rassegna stampa radiofonica: un'altra scissione dell'ennesimo partito che neanche sapevo fosse nato (forse è accaduto mentre dormivo, stanotte), un'altra crisi di governo, i referendum, la guerra dietro l'angolo, la lontanissima inondazione. Cifre, cifre, cifre: una bottiglia d'olio, centomila persone scomparse, la maggioranza risicata, due chili di zucchero e una busta d'orzo, mille morti...

Posso andare finalmente a lavarmi.

In bagno lancio una sconsolata occhiata carica di nostalgia ai flaconi, alle creme e alle lozioni con le quali avrei sognato di ungermi e massaggiarmi e ringiovanirmi: anche questa mattina non ho tempo per volermi bene. Anche oggi è stato più urgente e necessario prendermi cura degli altri. Impossibile farlo per me.

Anche la doccia, al posto dell'oziosa, lenta e femminilissima vasca da bagno, era stata, negli anni dell'adolescenza, una scelta di emancipazione, che diceva urgenze di fare e di essere altrove: lontana e in fretta dalle mura domestiche. E oggi è invece diventata un vizio antiquato, un tic, la spia di un'incapacità: a fermarsi, a godere di un piccolo, innocuo, frivolo piacere per sé.

Per tutta la mia giovinezza non ho fatto che adottare madri, madri grandi e certe, protettive e solerti. L'odore della cera sul pavimento delle loro case era un balsamo per il mio cuore ferito dal disordine dell'incertezza. Poi, per il resto della vita mi sono condannata alla prigionia delle cure domestiche, come un antico torto da scontare. Che ancora oggi onoro, come una vecchia galeotta che, persa ormai nell'oblio la ragione della sua detenzione, con scrupolosa disciplina si tira dietro la sua palla di piombo.

Non posso fare altrimenti. Sento il caos che spinge minaccioso la mia porta e puntello la casa di attenzioni e pensieri: non sopporto il degrado, la sciatteria, il disordine. Delle ricchezze non m'importa, ma mi è indispensabile essere circondata dallo spettacolo della bellezza, per vivere. So che corrodo quel filo di tempo rimastomi con l'ultimo gesto di «casalinghitudine»: rifare il letto la domenica, comprare nuove piante in primavera per il mio giardino, piante che andranno travasate e innaffiate e, anche loro, curate. Ma lo compio lo stesso.

Né so rinunciare a nutrire chi amo, a preparare per loro, almeno ogni tanto, piatti che hanno per me il profumo dell'infanzia e si portano dietro una scia odorosa di premure, di affetti. Di tempo. E che sia solo sprecato o invece gratuitamente elargito è questione di punti di vista. Perché la cucina non è il mio destino e neppure il mio orizzonte – e d'altra parte mi rifiuto di passarci più di tre ore consecutive, anche se ho invitato a cena una tribù di amici – ma neanche voglio che vada persa un'intera civiltà di sapori, la memoria di una vecchia ricetta di famiglia che è il mio passato e la mia storia, né che i miei figli mangino cibi precotti o surgelati, crescendo senza il conforto di un odore che si mischi più tardi al ricordo.

Ma tutto questo, protezione e accudimento, nutrimento e premure, per me molto più che un modo di amare, *è* l'amore. E non è più ciò che come donna mi spetta – perché nessuno potrebbe rimproverarmi se optassi per *fettina e insalata*, né mi lesinerebbe aiuto e neppure si rifiuterebbe di sostituirmi se ce ne fosse bisogno, e naturalmente ce n'è stato – ma quanto io voglio mi appartenga come capacità o talento o competenza. È qualcosa che mi rende perdente, che mi fa inferiore rispetto a un uomo? A cui dovrei apporre accanto il segno meno? Insomma, ci guadagno o ci perdo a essere così come sono?

Non lo so. Il grande libro della contabilità, del dare e dell'avere, delle vittorie e delle sconfitte lo devo aver smarrito per strada, o forse mi era di peso, un fardello di troppo, e me ne sono liberata. Ma quello che sento, cocciutamente, visceralmente, certo, è che non voglio perdere la ricchezza del mio sesso, non voglio somigliare a un uomo. E se le regole del Potere sono ancora quelle inventate da maschi che giocano all'intrigo, condannati a mimare in eterno l'epica della lotta e della guerra, e con la stessa inconsapevole allegria dei bambini che si sfidavano a battaglia navale sui banchi di scuola, quando nessuno ancora sa la propria tragica finitezza, allora il Potere non lo voglio. Non mi interessa. E questa Politica ridotta a tecnologia dei traffici e delle manovre, priva di passioni e idealità e di slanci, orfana di creatività e di pensiero, che fascino può avere su di me? Preferisco custodirmi la passione, quella civile, quella politica. Voglio accudire i miei figli, continuare a gioire esultante per tutto quello che intorno a me, e grazie *anche* al dono delle mie premure, è riuscito a crescere: e che sia un bambino o una pianta, un'amicizia o un'idea o un libro per me è la stessa cosa. Però voglio *contare*, invece, questo sì, ed esprimermi: riuscirci, da irregolare, attraverso un percorso a slalom, a zig zag, irriverente alle logiche delle carriere, alla brutale asetticità delle leggi del mercato e dei mercati dove si vendono dignità e rispetto di sé a prezzo di saldo, questa, allora sì, è una battaglia che voglio combattere. Nel mondo ci voglio stare, senza piegarmi alle regole che mi avviliscono come donna, che sbeffeggiano il mio essere madre, che non prevedono il mio sesso se non camuffato. Dovrei comportarmi come un uomo? Ma io compatisco gli uomini in quel loro vivere in un sistema tanto oppressivo e scelleratamente ingiusto.

Sbagliano le donne quando pensano di contare ancora meno dei maschi a causa del doppio, triplo e quadruplo lavoro, dei figli da crescere, delle incombenze domestiche. Le donne sono maestre di sintesi impossibili (e la fatica non sta nel conciliare, quello sappiamo farlo benissimo, siamo geni della sopravvivenza), di reinvenzioni e sconfinamenti singolarissimi e originali. Non è stato nell'accorgerci di quali sforzi dovessimo farci carico per essere nel mondo che si è consumato il disvelamento dell'inganno, lo scacco, la disillusione.

La pena e il dolore sono arrivati quando abbiamo scoperto che il residuo forte di illibertà non era più nei sì e nei no che potevamo dire, nelle opportunità che ancora ci restano da conquistare, negli spazi ancora negati, ma, invece, proprio in noi stesse. Quando abbiamo scoperto che la lunga partita per *esserci* non si giocava in un mucchio di anni, sulla superficie piana del *costume*, ma su quella infinitamente più contorta, profonda, magmatica della *storia*, individuale e collettiva.

E allora la maggiore libertà degli uomini non sta tanto nella quantità di potere esercitato, di spazi occupati, di ruoli conquistati, ma in qualcosa di più intimo e invisibile e complesso. È nel loro credere visceralmente nei propri diritti, nel sapere riconoscere e subito dopo nominare i propri desideri, nel pretendere ciò che vogliono e nell'aver trasformato ciò che ciascuno di loro voleva in qualcosa di per sé desiderabile per tutti, in immagini potentissime, in simboli, in miti.

La rappresentazione di noi stesse sulla scena del mondo è, invece, ancora poverissima, e non importa né quante siamo né dove siamo, perché ancora il mondo non lo abbiamo permeato, o, forse, e questo è infinitamente più triste, abbiamo rinunciato a farlo. Perché altrimenti l'unica immagine che di noi trionfa è quella del nostro corpo, sempre più giovane e sempre più nudo? Sulle copertine di settimanali che si vorrebbero d'opinione, sulle passerelle di tutto il mondo e negli spot pubblicitari dove dentro ogni mutanda c'è il sedere di una quindicenne. Non è una contraddizione su cui riflettere quella per la quale proprio da quando finalmente crediamo di contare qualcosa la bellezza è diventata un mito così spietato e tirannico? Che in televisione non ci siano mai state tante donne costrette a recitare come oche seminude nella parte di vallette, non pensanti né parlanti? Che il potere senza giovinezza ancora oggi nessuna di noi – tranne alcune rarissime presenze carismatiche – sappia come spenderselo? Perché non è forse vero che, oltre la soglia dei cinquant'anni, non sarà l'autorità, l'intelligenza, la cultura o il prestigio a dare valore a una donna? Che sarà comunque tagliata fuori dal mercato del desiderio? Mentre qualunque suo coetaneo con gli stessi *atout* potrà, se lo vuole, spendersi il suo potere e il suo fascino (perché a lui invece sì che potere e fascino verranno riconosciuti) con una ventincinquenne? Non è forse vero che ancora, e più che mai ora, si ritiene che il tempo aggiunga agli uomini mentre sottrae alle donne? E quando per noi è stato tanto penoso ed eroico invecchiare come oggi?

A una sempre più attonita e divertita intervistatrice, qualche tempo fa Natalia Aspesi, icona del giornalismo italiano, classe 1929, diceva: «Paradossalmente le donne si trovano a vivere un'era dove la vita si allunga, dove a cinquant'anni puoi essere ancora affascinante. Ma la giovinezza si accorcia. Evapora. Svanisce. Mentre contano solo il sedere e le tette». E alla domanda: «Il cervello?», ha risposto lapidaria: «Di cervello al femminile ce n'è in abbondanza, ma deve stare sempre sulla punta dei capezzoli».

Quante donne belle e intelligenti e interessanti vediamo aggirarsi sole dopo che un certo fatidico traguardo dell'età è stato superato? Condannate alla solitudine per mancanza di merce pregiata da offrire: carne fresca? Quanti uomini, altrettanto carichi di anni e di esperienza, appena a questi possono aggiungere un po' di denaro e qualche spicciolo di potere, incontriamo accompagnati da pin up sculettanti, ma anche, e il più delle volte, da giovani compagne i cui occhi luccicano di sincera e ammirata fascinazione se non d'amore, o neo-padri finalmente rimbambiti per la nascita di un figlio del quale potrebbero essere ormai nonni?

Uno dei tanti, Saul Bellow, il grande scrittore americano, che, a ottantaquattro anni, dalla sua quinta moglie, di oltre quarant'anni più giovane di lui, ha avuto una bambina. Dovremmo invidiarlo per ciò che la natura consente agli uomini e preclude alle donne? Cercare magari di raggiungerlo su quello stesso "primato" rivendicando il diritto di essere fecondate artificialmente ben dopo la fine della nostra età fertile, diventando anche noi orribili ibridi di mamme-nonne, come d'altra parte è già accaduto?

Come se l'ingiustizia fosse lì, nella differenza che biologicamente sancisce ciò che a un sesso è possibile e all'altro negato. E in questo fraintendimento ci siamo cadute in pieno, noi donne: alleandoci, innanzitutto, in un abbraccio mortale, con la tecnologia scientifica che ci ha illuse di poterci finalmente fare beffe di quell'antica diseguaglianza della natura.

Ma è una trappola credere di segnare un punto a nostro favore raggiungendo per via tecnologica il privilegio naturale (e dovremmo nutrire forti dubbi che poi di privilegio davvero si tratti) del maschio. Perché, al contrario, qualcosa di veramente importante accadrà solo quando gli uomini cominceranno a dimostrarsi capaci di autolimitarsi nell'esercizio di un privilegio biologico. E quando smetteremo, tutti, di disapprovare l'ultracinquantenne che diventa madre grazie al prodigio dell'inseminazione, e di rallegrarci invece se è poi un uomo anziano a diventare padre in virtù del suo seme. Perché quello che dovrebbe colpire il nostro immaginario collettivo, il comune bisogno di giudicare o partecipare a un evento che resta comunque straordinario, è il destino del figlio del miracolo. Comunque condannato a restare assai presto privo di uno dei suoi genitori.

Noi donne vogliamo dare un calcio anche alla diversità biologica per essere a tutti i costi uguali agli uomini? Bene, non ci resta che accomodarci. I biotecnici della fecondazione ci hanno convinte che potremo partorire anche dall'aldilà, e tutte sembrano crederci. Avete mai provato a parlare con chi, cioè la maggior parte, non è riuscita a restare incinta nonostante cure di ormoni ad alto rischio, interventi dolorosi e invasivi poi falliti e aborti? Siamo poi consapevoli che stiamo firmando patti "faustiani" con la scienza e che così, noi conniventi, si sta consumando l'ultimo inganno al nostro sesso?

Non ci servirà a niente raggiungere gli uomini alla stessa vertiginosa altezza della loro inconsapevolezza procreativa. La disparità da sanare non risiede in *natura* e dunque nella diversa durata dell'età fertile, ma nella possibilità che ancora hanno gli uomini, ricevendo l'encomio collettivo, di stare al mondo con l'arroganza degli eterni bambini i quali, neppure trovandosi a un passo dalla tomba, smettono di credersi onnipotenti. Così che il sentirsi in diritto di mettere incinta la giovane compagna (trasformando in pochi anni il proprio figlio in un orfano) gode ancora dell'ammirazione sociale riservata ai record, della considerazione culturale di un primato.

Qui stanno il danno e la beffa. Perché forse a qualcuna tra noi è stato anche dato accesso al potere: ma al potere reale, ben povera cosa rispetto al dominio di quello simbolico, che siamo assai lontane dall'aver conquistato. Per accedere al primo rischiamo di denudarci di ogni dono, ricchezza o talento che pure il nostro sesso possedeva e che, per fortuna, ancora, sia pure a fatica, conserva per sé. E con questo intendo quella singolare conoscenza di sé e del mondo, quell'attitudine a interrogarsi sul senso ultimo delle cose e della vita, quel permettere all'altro di definire il nostro orizzonte esistenziale ed esserne interrogazione costante e aperta. Quella capacità suprema di dare la vita, facendoci per il cucciolo d'uomo infinito tempo biologico di latte e sonno, simbiosi assoluta, e poi, dopo aver esercitato questo enorme potere, che se non sapesse darsi con certezza il proprio limite si trasformerebbe in tirannia distruttiva, lasciare che *l'altro* vada, separandosi, lontano da noi. Se ci fosse riuscito esportare nel mondo questo talento e di questo talento permearlo...

Per me scelgo la marginalità, il costante aggrapparmi al bordo di qualcosa che altrimenti andrebbe perduto, o di ciò che ho appena conquistato, sono a mio agio solo nella contraddizione, nel dissidio, nel centro di un'eterna scommessa tra il vincere e il perdere. Mi dissipo per gli altri e acciuffo al volo l'ultima occasione che sento d'avere per me. So che i miei figli mi hanno resa migliore e più calda d'affetti e più sapiente – non voglio neppure immaginare cosa sarei diventata senza di loro – ma continuo ad assaporare il piacere della casa vuota, l'anarchia di un weekend senza orari e frigorifero vuoto, il gusto della libertà senza limiti di tempo, di sonni infiniti, di ozi, di cinema e letture.

Continuo a indignarmi, persino a piangere, per le ingiustizie di un potere sempre più cinico, di una politica senza anima né missione, ma non riesco a darmi né alla politica né al potere perché appena mi affaccio in quei luoghi mi sento straniera e diversa e mi vengono chiesti prezzi per i quali non ho mai posseduto la giusta valuta da pagare.

Quando sono *fuori* continuo ad avere nostalgia dei miei interni, provo un indefinito rimpianto per tutto ciò che come donna non potrò essere più, sentendomi certa e piena del dominio degli affetti e delle cure. Quando resto troppo a lungo imprigionata *dentro* sento che ho urgenza di tornare fuori: a guadagnarmi la mia indipendenza, innanzitutto, e poi a mischiarmi e a confrontarmi, e a sporcarmi anche, a tessere di nuovo la rete delle relazioni tra simili, che niente hanno a che fare con il potere, ma molto con il confronto fertile delle idee, con la conoscenza e con la crescita.

Voglio restare obliqua, spiazzata, confinante, incerta. Né saprei dove altro mettermi, dove altro stare se non in questa sempre incerta collocazione, l'unica che mi consenta di restare fedele a me stessa. Di restare, nonostante gli sconfinamenti e la confusione, le continue reinvenzioni e la solitudine, il dolore e la fatica, una donna.

CAPITOLO 15

LE DONNE INVENTANO L'AMORE

C'è così poca realtà nell'uomo, che il cuore si stringe quando si separa dai sogni.

Chateaubriand

Noi della mancanza d'amore facciamo una tragedia perché riusciamo a conoscere il mondo attraverso l'amore.

Christa Wolf

La posta in gioco, la grande scommessa del nostro tempo, da quando noi donne siamo nel mondo *insieme* agli uomini, e non *come* gli uomini, è poi questa: diventare uguali a loro, impoverendoci (e allo stesso modo diventerebbero più poveri gli uomini se volessero o dovessero raggiungerci sull'anodino obiettivo dell'eguaglianza), o, invece, confonderci finalmente in un meticciato, in una "fratellanza inquieta", e mischiarci le une agli altri, rinunciando, entrambi, a fare del proprio punto di vista, del proprio linguaggio, del proprio pensiero *il* punto di vista, *il* linguaggio, *il* pensiero. L'unico. Dentro il quale plasmare, contenere, ridurre quelli dell'altro.

Da tanti anni un uomo a me molto caro, con il quale si alternano assonanze profonde e scontri sanguinosi, cerca di convincermi della natura totalizzante del pensiero femminile sull'amore. Il sogno, "quel sogno", e noi certo *anche* sogniamo l'amore, come l'utopia, sostiene lui, sono costruzioni intere e perfette, organizzate in ogni minimo dettaglio, che la realtà non solo la immaginano, ma la prevedono. E la imbrigliano. E quando poi con questa si incontrano, tendono a deformarla fin quando non coincide con quella che avevano immaginato. O a rifiutarla. Non c'è posto allora per le sbavature, le contraddizioni, il "di più" o il "di meno" che si trovano lungo la strada: devono essere spazzati via. Perché altrimenti, il sogno, l'utopia, queste architetture meravigliose e fragilissime crollerebbero. Con la stessa velocità con la quale va in terra un castello di carte.

«*Perché altrimenti sarebbe così facile deludere una donna? Noi uomini, nell'incontro, se troviamo una porta chiusa cerchiamo un altro varco, una diversa via di accesso: non ci ferisce l'essere stati sorpresi o contraddetti nelle nostre ipotesi. Avevamo immaginato qualcosa di diverso: altre parole, altre atmosfere, altre risposte. Non ci sono state, pazienza. Ci riproveremo ancora, in altri modi. Ci interessa la donna vera, in carne e ossa, quella che abbiamo davanti, non quella sognata e vagheggiata. Per voi, invece, è d'obbligo attribuirci copioni, parti, battute, così come pretendete di attribuire un senso e non un altro alle nostre parole, di vaticinare i nostri pensieri. E se poi la realtà si rivela diversa da quella solo supposta, allora non siete voi che avevate sbagliato nell'interpretarla, ma è la realtà stessa a contenere in sé l'errore.*»

Per anni ho contrastato la sua ipotesi, con accanimento, a volte con furore. Oggi comincio a credere che ci sia qualcosa di profondamente vero nelle parole di quest'uomo: se non altro riconosco che se il sogno d'amore non è in sé totalizzante, contiene però questo rischio. Può diventarlo.

Quante volte gli occhi di una donna si riempiono di lacrime di dispetto, di frustrazione, di infantile scontento perché quello che ha davanti e sta vivendo – che pure potrebbe già essere la felicità e che fa aprire l'uomo a un sorriso grato, riconoscente, assoluto – non coincide esattamente con quello che ha immaginato e sognato, o almeno non così, non nello stesso modo? Ed è vero che c'è una capacità degli uomini a godersi il presente di un amore, dandosi per intero, con generosità, con una fedeltà assoluta di pensieri. Con nessun interesse per il passato e una beata inconsapevolezza del futuro. Che è anche maggiore apertura, sincerità, candore. Passato e futuro che, invece, possono avvelenare e angosciare i pensieri e i sentimenti di una donna fino al punto di renderla incapace di stare nel presente e di viverlo, per quello che è, per com'è, qui e ora. In memoria di ciò che è stato, nell'attesa di quello che, forse, diventerà.

Ma potrà mai ammettere, il mio amico, che altrettanto totalizzante è l'attitudine maschile a imbrigliare il sogno femminile dentro le tenaglie del reale? O nei tentacoli altrettanto soffocanti del *fare l'amore*, del bisogno maschile tangibile e concreto che sarebbe e sempre sarà ben povera cosa senza quel *pensiero sull'amore, quell'intelligenza dell'amore* che – senza per questo prendersi dei meriti – è stato fino ai nostri giorni cura e responsabilità, oltre che vagheggiamento, delle donne?

In una serata tra amiche, di quelle che finiscono con la bottiglia di vino desolatamente vuota e la soglia del pudore drasticamente abbassata, tanto da consentire alcune definitive e liberatorie confessioni, quella di noi che io considero la più grande esperta di cultura dei sentimenti – ha anche una memoria di ferro, così può citare a memoria interi dialoghi cinematografici, testi musicali, poesie, lunghi brani di *Anna Karenina* sull'argomento – si lasciò andare a uno sfogo sulla sua principale attività: il sogno.

«A volte penso di essere malata. Sul serio. Ho più di quarant'anni, e a parte il rapporto, assoluto, con mia figlia, qualche amicizia, grande e bella, alcuni momenti di gioia che, inspiegabilmente, ancora riesce a darmi il lavoro, a me l'unica cosa che veramente importa è l'amore. E continuo a sognare, a sognare e con questo sogno costruisco mondi, ma di più, mi sembra a questo punto di averci investito la vita. Perché io vivo in technicolor. E continuo a coltivare l'idea che sia possibile un giorno incontrare l'uomo con il quale c'è la passione e il desiderio, la complicità e la tenerezza, e che questo stesso uomo sarà quello con il quale mi piacerebbe invecchiare. Ma poi mi chiedo: può essere lo stesso uomo quello della passione e quello che vorresti fosse accanto a te quando morirai? Spero di sì, eppure mentre lo penso mi capita di sentirmi un'adolescente sognatrice che non riesce a vivere la realtà. Allora succede che mi assalga un'angoscia sottile: un giorno questo eterno film nel quale vivo finisce e io sono lì, mentre scorrono i titoli di coda, con gli occhi sgranati. E intanto il film è finito. Il mio tempo è scaduto. E io sono lì, sola, rinchiusa in una sala di proiezione dove ho consumato tutti i miei sogni, rifiutandomi di scendere a patti con il possibile.»

Mi auguro che questo suo timore non si avveri. Che non accada più a nessuna donna di consumare l'intera vita dentro un sogno d'amore e d'assoluto. Ma poi mi chiedo se esista un nesso, e quale sia, tra la capacità che hanno le donne di inventarsi l'amore, come attività creativa che porta con sé competenza e pensiero, e l'attitudine a sognare che, a differenza dell'inventare, potrebbe implicare una facilitazione persino pericolosa a fare dell'amore una scorciatoia, un luogo caldo e accogliente dove ripararsi per sfuggire al reale. O un fraintendimento per il quale, pur desiderando altro, si finisce per dare a quell'inquietudine ancora priva di fisionomia, alla volontà di esserci, e di contare, di creare anche, di costruire per sé, l'immagine, la suggestione e il nome dell'amore. Per un automatismo millenario, perché è più facile, perché così ci hanno insegnato, per pigrizia o per paura di quello che fuori, nel mondo, lontano da fascinazioni e suggestioni familiari e più rassicuranti, ci attende. Oppure un'attività totalizzante che indefinitamente immagina l'altro e poi, quando incontra l'uomo vero, in carne e ossa, non lo riconosce se non in quanto perfettamente collimante con quello fantasticato.

Credo di aver finalmente capito grazie a una dolcissima signora francese come ancora oggi certi gesti di "casalinghitudine", svolti lontano dal rumore della vita, possano coincidere per una donna con quest'attività onirica a occhi aperti. Ero andata a trovarla perché per il mio giornale stavo scrivendo un'inchiesta sulle donne che avevano *scelto* di non lavorare. Potevano, ma proprio non volevano, per le ragioni più diverse. Mi spingeva una grande curiosità di capire quale valore venisse da loro attribuito a questa scelta così inattuale e priva di status, così controcorrente. E, mi pungeva il sospetto, persino coraggiosa. Così avevo incontrato questa signora, madre di tre figli, e in attesa di un quarto con grande allegria, che si era subito definita una donna improduttiva. È una pittrice: le sue grandi tele dipinte con enormi pennellate di colore, trionfavano in un salone delle dimensioni di una pista da ballo che, molto lontano dall'avere un aspetto di decoro borghese, era più che altro un campo di battaglia, caotico e improbabile. Marie Noel mi diceva che solitudine e silenzio le erano indispensabili per dipingere. Ma prima di mettersi al lavoro, quando finalmente i bambini erano a scuola e la casa restava vuota, lei aveva assoluto bisogno di fare qualcosa di *domestico*: poteva lavare le tazze sporche o rifare i letti, spolverare una stanza o rammendare un calzino, non importava cosa, ma doveva essere una qualsiasi attività manuale che le permettesse di *sognare*. Quella divagazione mattutina era per lei un esercizio mentale indispensabile per iniziare la giornata. Se per qualche motivo non le riusciva per un certo periodo di tempo, letteralmente si ammalava.

Ma il sogno non è certo in se stesso menomante, o un'attività scadente, sciocca, priva di valore. Tutt'altro. Sognare dà fiato all'anima, apre orizzonti più ampi a un pensiero che rischia di rattrappirsi sulla contingenza: è uno straordinario esercizio interiore, una sorta di viaggio silenzioso e invisibile, ma anche fertile e suggestivo. Sognare è un potere, una sorta di "rifugio" dove abbiamo imparato a trovare riparo dall'intollerabile ordine che ci è stato imposto dal mondo maschile, e dal troppo caos dell'esistenza. Agli uomini appariamo, ancora oggi, inafferrabili, quasi fossimo sempre in attesa di "non si sa bene cosa", anche se poi smettiamo di sembrare tanto inquietanti quando è uno di loro che indefinitamente aspettiamo. Ma non ci incarichiamo anche per gli uomini di interpretare questa metafora dell'eterna attesa che non ha né nome né volto? Non è forse tutta la nostra vita, di uomini e donne, la stessa condizione umana, condannata a svolgersi alla ricerca continua di un senso ultimo che forse non c'è, e che si sposta comunque costantemente in avanti? Non è forse il nostro stesso passaggio terreno qualcosa di difficilmente giustificabile? Ecco, questo sì, troppo spesso abbiamo caricato le fragili spalle maschili del fardello di una risposta definitiva che certamente non sono loro a poterci dare, abbiamo attribuito il volto e il nome di un uomo a una ricerca senza speranza, condannandoli a essere loro stessi la soluzione all'enigma delle nostre vite.

CAPITOLO 16

MA GLI UOMINI NON SONO PIÙ IL MONDO

Nella mia famiglia, dove gli uomini non hanno mai vantato una significativa presenza numerica e neppure goduto di eccessiva considerazione, circolava un caustico quanto prosaico detto popolare: *Le donne non si portano nel letto gli asini perché stracciano le lenzuola*. Mia madre lo attribuiva alla propria nonna, che non ho mai conosciuto, ma non sapeva dirmi da quante generazioni se lo tramandassero. Cresciuta in un solidissimo matriarcato meridionale, non riuscivo ad attribuirgli un'allusione misogina, così non ho mai pensato, per esempio, che si riferisse alla scarsa selettività femminile in faccende erotiche. Ma piuttosto all'inclinazione che hanno le donne a dedicarsi a una certa attività trasfigurativa. Quella per cui l'oggetto d'amore, qualora ve ne sia necessità, e a dispetto di qualunque evidenza, può diventare l'uomo dei sogni, quello che si diceva una volta il Principe Azzurro. Si fermano davanti all'intollerabile visione del quadrupede ragliante, ma non prima: tutto ciò che lo precede nella scala dell'improbabile è soggetto a trasformazione: per solitudine, perché non c'è di meglio, oppure inseguendo la chimera di un cambiamento, di un miglioramento del compagno incontrato. Non importa. Il fatto è che le donne, ben lontane dal pragmatismo maschile, o anche da una cinica accettazione dello *status quo*, coniugano la realtà con un'attività onirica che rende possibile l'impossibile, bello il brutto e così via.

In un certo senso, il proverbio della mia antenata si può considerare la versione arcaica di quel più dialettico e consapevole *Las mujeres, el amor lo inventan,* pronunciato dall'amica messicana in quella lontana serata asturiana. Devono aver cominciato a farlo da quando gli interni erano prigioni invalicabili, luoghi di separatezza ed esclusione. *E d'altra parte cosa, se non conoscere e conoscersi, esplorare il proprio animo e immergersi dentro le proprie emozioni e i sentimenti suoi e di altri, poteva fare Penelope?* Forse hanno iniziato per rendere accettabili inaccettabili imposizioni, per riempire di immagini colorate lugubri attese, o per curarsi da sole ferite che nessun altro sarebbe mai corso a medicare. Comunque sia andata, questa è l'eredità che ci resta di quel lontano passato. Che nulla ha più a che vedere con l'incapacità o il rifiuto di stare nel reale. Piuttosto, è diventato un talento: il sogno è pensiero, respiro, cura di sé.

Resta il fatto che le donne parlano ancora tanto d'amore. Potrebbero parlare ormai, e anche tra loro intendo, di carriere e di progetti, di ambizioni o frustrazioni professionali: di superiori e subalterni, scatti d'anzianità e stipendi, risultati appena ottenuti o prossimi a venire, di orari, colleghi, direttori, di idee. E non che non lo facciano, naturalmente. Soprattutto se in un salotto o intorno a un tavolo gli interlocutori sono anche uomini. È da tempo ormai che in situazioni conviviali non si assiste più a quello spettacolo in "stile islamico" dove i maschi sedevano in salotto, assaporando alcolici e sigari, a discutere delle cose del mondo, mentre le femmine, altrove, restavano a ciacolare di pappe e bambini o profumi. Abbiamo avuto accesso alla parola, infine, e sappiamo anche usarla. Per dire e definire, spiegare ed esprimerci.

Eppure, quella stessa parola pubblica, o mondana, incredibilmente diventa pudica quando restiamo tra sole donne, si lascia scivolare come alludendo a una sua minore importanza, e sempre parlando di noi con le altre tendiamo a censurare le ambizioni o a sorvolare sulle circostanze (un articolo appena pubblicato, una causa condotta con successo) che mettono in luce il nostro valore. Mentre la parola dell'amore si fa subito appassionata e intima. Ognuna di noi sa, per averne fatto esperienza, che nel nostro sesso la comunicazione sentimentale ha la stessa funzione dialogica ricoperta dal calcio o dalla politica nei discorsi tra uomini: stabilisce intesa, confidenza immediata, suscita empatia e, soprattutto, fa sentire uguali, appartenenti allo stesso clan, alla medesima famiglia, a quel sesso e non a un altro. Serve a riconoscersi.

E perché non parliamo d'amore a un uomo così tanto e mai nello stesso modo in cui ne parliamo tra noi?

Intanto perché solo tra donne possiamo dire ciò che nel rapporto con l'altro resta fuori: il sogno, l'attesa, la disillusione, ma anche il rancore, la rabbia, l'amarezza. Tutta un'attività parallela di progetti e illusioni, di speranze come di concretissime valutazioni e giudizi che un uomo, comunque, è meglio non sappia. E non solo per compiacerlo, e li compiaciamo ancora gli uomini, eccome; non solo per continuare a farlo scorrazzare felice in quell'eterno giardino d'infanzia che gli abbiamo costruito intorno, nel quale ancora troppe tra noi si incaricano di assumersi il ruolo di puericultrici a vita. O per un timore atavico e autenticamente sincero di ferire l'altro e di gravarlo di responsabilità che siamo abituate a caricarci sulle spalle.

C'è qualcosa di più in questo piacere della parola separata e monosessuale sull'amore. Perché non confessare che quest'attitudine femminile al discorso sull'uomo, e in assenza dell'uomo, è animata da un residuo di disprezzo e diffidenza, oscuramente confusi con la paura verso chi consideriamo irrimediabilmente straniero e usurpatore, tirannico occupante e diverso, più potente, ma solo perché più forte? Così che questa parola d'amore, che solo tra donne si fa tanto intima e autentica, suggerisce l'ombra, la separatezza, ma anche la segretezza. Fino a scivolare, nel peggiore dei casi, verso l'inganno e l'intrigo.

Separatezza, segretezza, ombra per infinite generazioni di donne hanno coinciso con l'apartheid del nostro sesso – dovevamo star lontano dai maschi – e con il divieto, tanto alla parola pubblica quanto a quella reciproca con gli uomini, ma anche all'espressione di sentimenti ed emozioni che ci venivano interdetti. Tutto questo però è stato combattuto, per gran parte cancellato, superato.

Tuttavia, ancora tra donne, e solo tra donne, ci si dice ciò che l'altro non deve sapere o non saprà mai o, almeno, non in quel momento. Perché sarebbe inutile, perché ci penseremo noi, perché riteniamo di aver visto meglio e più lontano di lui, e così a noi toccherà fare in modo che alcune cose accadano, che altre si realizzino oppure cambino. Temiamo ancora gli uomini come stranieri? Li disprezziamo perché irrimediabilmente diversi, occupanti, intrusi? O quello che ancora teniamo per noi e per noi soltanto è l'inscalfibile convinzione di sapere di più e meglio degli uomini le cose dell'amore? E che cosa ci restituirebbe questo primato: un'attitudine, una superiore sapienza, una maggiore familiarità con gli umani affanni o con il senso più ultimo e autentico dell'esistenza?

«Siamo le curatrici della specie umana», mi aveva detto la mia amica per spiegare il talento a fare nostri gli affanni e i tormenti, e a trasformare l'altro nella risposta a una domanda di senso che riguardava noi stesse. Ma in questa competenza stanno, come due facce di un Giano bifronte, subalternità e dominio, forza e debolezza, sapienza e dannazione. Se spostarsi da questa posizione di conflitto e contraddizione significa rinunciare a stare con i piedi ben piantati nel centro della vita, allora ci resto: non ci rinuncio per avere in cambio una più lieve consapevolezza di me, una più superficiale e distratta cognizione del senso da attribuire alla mia vita. Ma vorrei, quello sì, spostarmi, anche rinunciando a molto del mio spazio, se questo potesse far posto a un uomo. Perché vorrei condividere una posizione perdendone, qualora poi vi sia, anche il "privilegio", vorrei che da quell'osservatorio ci fosse ormai posto per entrambi, maschi e femmine. Perché se è vero che le donne riescono a «conoscere il mondo attraverso l'amore», da tempo ormai gli uomini hanno smesso di coincidere con *il* mondo.

DI COSA PARLIAMO QUANDO PARLIAMO D'AMORE? UNA CONVERSAZIONE IMMAGINARIA

«Della nostra solitudine, della fragilità degli uomini.»

«Di tutto quello che a un uomo vorremmo dire e non diremo mai, almeno non nello stesso modo, non con quello stesso equilibrio di parole e sottintesi e allusioni che tra noi afferriamo al volo. Non con la stessa tonalità. Così, noi donne finiamo per pensare "in bella copia" la vita reale.»

«Dell'esaltazione del primo incontro.»

«Della noia di tutti i giorni.»

«Quello che più colpisce una donna e di cui più di ogni altra cosa ama parlare è ciò che di un uomo immagina, suppone, intuisce. Perché le donne, innanzitutto, interpretano gli uomini. E quello che hanno davanti, quello vero, è solo un pretesto. Cosa le aspetta, allora? Giorni di sconfinata delusione.»

«Del desiderio.»

«Della fine di ogni desiderio.»

«Cosa pensano le donne dell'amore? Mah, diciamo negli ultimi vent'anni, il vero dilemma è come essere soggetto pur restando oggetto del desiderio maschile. In assenza del quale ci sentiamo invisibili. Nonostante da un bel pezzo abbiamo poi scelto di essere visibili per noi stesse.»

«Dell'infinita infanzia degli uomini. Che detestiamo o invidiamo, dipende dall'umore di quel giorno, se siamo sole. Poi, appena seduciamo un maschio, ci trasformiamo in nutrici appassionate. Allora gli promettiamo che la sua vita sarà un eden senza tempo – ci occuperemo noi di tutto (non siamo forse noi le efficienti arredatrici delle stanze dell'amore, le massime esperte dell'estetica dei sentimenti?) – un eterno asilo, un *one-man show* del quale saremo insieme produttrici, registe, estasiato pubblico. Poi, tutto questo ci stanca: i bambini con la faccia sporca di cioccolata da sgridare o confortare, ci vengono a noia. Una volta conquistati, gli uomini, li vorremmo di nuovo adulti, compagni solidi, eroi capaci di traghettarci in mondi sconosciuti. In fondo promettiamo loro un sogno che vorremmo finalmente per noi.»

«Del sogno.»

«Della nostalgia di una fusione assoluta e sempre mancata.»

«Dell'autonomia. Che si può conciliare con la vita a due, con la passione. Con il matrimonio. Con il progetto. Con i figli. Con la carriera. Con l'espressione di sé. Con la fusione assoluta, "che a noi due riuscirà", restando autonomi, appunto.»

«Della paura di restare sole.»

«Dell'inconfessabile desiderio di tornare a essere sole.»

«Almeno ogni tanto.»

«Della fatica per noi di chiedere. Anche di tornare a essere sole, ogni tanto.»

«Mi sono chiesta molte volte perché quello delle donne, più che un discorso, è condannato a restare un monologo d'amore. Molte di noi vogliono ancora compiacere gli uomini, e, figuriamoci, ci sono ancora tanti uomini a cui piace essere compiaciuti: perché non funziona? Dovremmo essere sufficienti le une agli altri. Invece, ne sono sicura, noi donne reclamiamo quell'attenzione per noi stesse. E presto ci pentiamo del vantaggio concesso.»

«Io gli uomini non li capisco, ma mi sono indispensabili.»

«Non li stimo, però mi piacciono.»

«Mi incuriosiscono, perché sono così diversi da noi. E senza conflitto non mi diverto.»

«Riesco ad avere un buon rapporto con un uomo da quando ho capito che qualcosa resta fuori, deve restare fuori.»

«Sì, siamo la prima generazione che ha idealizzato fino a questo punto il rapporto di coppia. Vogliamo la passione, il sesso, l'intimità, ma anche rispetto, amicizia, distanza. E la chiediamo al matrimonio, alla convivenza. Neanche l'amore romantico aveva osato richieste così proditorie e assolute: si sapeva a termine.»

«Le donne hanno avuto tutto. Tranne il potere senza giovinezza.»

«Non è curioso che proprio da quando finalmente contiamo qualcosa, la bellezza sia diventata un mito spietato e tirannico? Perché a farne le spese siamo noi. Non appena l'abbiamo persa.»

«Dimmi, hai mai visto una donna, diciamo di sessant'anni, magari anche piacente, che va in giro con un trentenne, del quale una sola anima sia disposta a pensare che è innamorato di lei?»

«Sai perché preferiamo l'amore al potere? Perché arrivate a cinquant'anni, non sarà il prestigio, la cultura, il fascino della sua posizione a dare valore aggiunto a una donna. Quello che conta veramente per noi è essere giovani e belle. E allora, se il potere non te lo puoi spendere sul piano delle relazioni personali, che cosa te ne fai?»

«Che terribile equivoco. Ho impiegato più di quarant'anni per capire che quello sguardo implacabile con il quale noi donne ci vivisezioniamo, giudichiamo, perseguitiamo e schiavizziamo è solo nostro. Un occhio interno, spietato, cattivo. Ma lo attribuiamo agli uomini. Invece il loro desiderio funziona in un altro modo. Più concreto, più semplice. Dribbla la cellulite, fa lo slalom tra la palpebra non più turgida e la pancia ammorbidita da una piega di grasso. Si fonda sull'odore della pelle e sulla carne calda, su un muscolo che guizza di piacere tra le loro dita e sul corpo che alla fine, conquistato, si rilassa.»

«Penso che noi donne parliamo tanto d'amore perché ci vergogniamo delle nostre ambizioni. E allora niente discorsi che riguardino il nostro valore, la carriera, il lavoro. Così non restano che gli uomini.»

«Parliamo tanto di uomini perché sono creature così semplici e prive di mistero che almeno le facciamo palpitare nelle nostre fantasie.»

«Di cosa parlano le donne quando parlano d'amore? Del mistero della vita, dell'ineluttabilità della morte. Della paura. Del sogno. Dell'ingiustizia e della bellezza. Soprattutto, di se stesse. Perché noi donne abbiamo conosciuto il mondo attraverso l'amore.»

POSTFAZIONE

Una piccola curiosità. Quando mi trovavo ormai quasi a metà della prima stesura di questo libro, ho avvertito l'esigenza di mettermi in contatto con le amiche messicane che, con quella loro uscita: «*Las mujeres, el amor lo inventan*», erano state le inconsapevoli responsabili della sua nascita. Non le avevo più riviste da allora, erano trascorsi sei mesi, su per giù, dal nostro ultimo incontro. Chi aveva pronunciato la fatidica frase? Era stata Myriam o, forse, Paloma? Non riuscivo a ricordarlo. Allora ho mandato a entrambe una e-mail: ricostruivo quella serata in Spagna, rammentavo il dialogo che era scaturito parlando di Guadalupe, e poi spiegavo che stavo scrivendo un libro. Avrebbe potuto, quella delle due che si era espressa, spiegare meglio cosa intendeva dire? Poteva esserci un seguito? Mi sarebbe tanto piaciuto approfondire il discorso. Aveva risposto Myriam per prima: ricordava tutto ma non di aver detto quella frase. La sottoscriveva persino, però non poteva attribuirsene il copyright. Poi era toccato a Paloma, dopo diverso tempo: si scusava per il ritardo della risposta, purtroppo aveva avuto tanti problemi familiari, anche gravi, e quella serata, per intero, non le tornava proprio alla mente.

So che come investigatrice valgo poco. So che avrei potuto telefonare all'amico italiano che con scherno era intervenuto nella discussione con quel suo: «*Enamorada, enamorada*, ma se sta con suo marito da vent'anni!», però mi è mancato il coraggio. Troppo era il timore di un'ulteriore smentita. Volevo continuare a custodire nella memoria quella serata così come l'avevo ricordata fino a quel momento. O, magari, così come l'avevo inventata, a partire da quel *Las mujeres, el amor lo inventan*.

RINGRAZIAMENTI

Devo moltissimo per questo libro alle mie amiche Cristina Guarinelli e Micaela Ceresa, con le quali ho finalmente capito di cosa parlano le donne quando parlano d'amore. Ho un debito di riconoscenza con Myriam, Guadalupe e Paloma, signore di un idioma che sa ancora nominare parole certe e antiche. Che pronunciate in una serata asturiana hanno dato inizio a questo libro.

Così come sono grata a tutte le persone che hanno accettato di raccontare e raccontarsi, pur sapendo che le loro storie sarebbero state "vampirizzate" per poi, sia pure con le variazioni necessarie per renderle irriconoscibili, finire in queste pagine. Ma ringrazio anche chi, offrendomi tempo prezioso e disponibilità, mi ha dato consiglio e conforto. Roberta Tatafiore, Francesca Molfino, L.C. e N.L. e molti altri che hanno letto e sostenuto il mio lavoro. Ancora, grazie a tutti quelli che si sono ritrovati involontariamente "personaggi" nel capitolo *Nostalgia di uno sguardo*: Giuliana Bruno, Sara Valentini, Pepa Palomero, Ferdinando Scianna. Spero perdoneranno.

Infine, questo libro è, almeno idealmente, dedicato a due scrittrici. A Natalia Ginzburg, per me ineguagliabile modello femminile, donna biblica dal «passo diritto, abituato alle lunghe marce», e mia grande madre, non solo letteraria. E a Clara Sereni, che ho eletto ad amica molto tempo prima di conoscerla. Per un cortocircuito benefico, e attraverso imperscrutabili percorsi, la sua scrittura ha dato parola a un dolore antico. Senza di essa non credo ci sarebbe mai stata la mia.

E poi, ancora, grazie a chi amo.

INDICE

Finito di stampare
nel mese di settembre 2001
per conto della Casa Editrice Corbaccio s.r.l
dalla Milanostampa di Farigliano (Cuneo)
Printed in Italy